Edition Rosenberger

Die „Edition Rosenberger" versammelt praxisnahe Werke kompetenter Autoren rund um die Themen Führung, Beratung, Personal- und Unternehmensentwicklung. Alle Werke in der Reihe erschienen ursprünglich im Rosenberger Fachverlag, gegründet von dem Unternehmens- und Führungskräfteberater Dr. Walter Rosenberger, dessen Programm Springer Gabler 2014 übernommen hat.

Gerhard Feldmeier • Wolfgang Lukas
Heike Simmet (Hrsg.)

Globalisierung KMU

Entwicklungstendenzen, Erfolgskonzepte und Handlungsempfehlungen

Unter Mitarbeit von Jens Dieckmann

Herausgeber
Gerhard Feldmeier
Hochschule Bremerhaven
Institute for Management and Economics
Bremerhaven, Deutschland

Heike Simmet
Hochschule Bremerhaven
Institute for Management and Economics
Bremerhaven, Deutschland

Wolfgang Lukas
Hochschule Bremerhaven
Institute for Management and Economics
Bremerhaven, Deutschland

Bis 2014 erschien der Titel im Rosenberger Fachverlag, Leonberg.

Edition Rosenberger
ISBN 978-3-658-07867-6   ISBN 978-3-658-07868-3 (eBook)
DOI 10.1007/978-3-658-07868-3

Die Deutsche Nationalbibliothek verzeichnet diese Publikation in der Deutschen Nationalbibliografie; detaillierte bibliografische Daten sind im Internet über http://dnb.d-nb.de abrufbar.

Springer Gabler
© Springer Fachmedien Wiesbaden Nachdruck 2015
Ursprünglich erschienen bei Rosenberger Fachverlag, Leonberg, 2007
Das Werk einschließlich aller seiner Teile ist urheberrechtlich geschützt. Jede Verwertung, die nicht ausdrücklich vom Urheberrechtsgesetz zugelassen ist, bedarf der vorherigen Zustimmung des Verlags. Das gilt insbesondere für Vervielfältigungen, Bearbeitungen, Übersetzungen, Mikroverfilmungen und die Einspeicherung und Verarbeitung in elektronischen Systemen.
Die Wiedergabe von Gebrauchsnamen, Handelsnamen, Warenbezeichnungen usw. in diesem Werk berechtigt auch ohne besondere Kennzeichnung nicht zu der Annahme, dass solche Namen im Sinne der Warenzeichen- und Markenschutz-Gesetzgebung als frei zu betrachten wären und daher von jedermann benutzt werden dürften.
Der Verlag, die Autoren und die Herausgeber gehen davon aus, dass die Angaben und Informationen in diesem Werk zum Zeitpunkt der Veröffentlichung vollständig und korrekt sind. Weder der Verlag noch die Autoren oder die Herausgeber übernehmen, ausdrücklich oder implizit, Gewähr für den Inhalt des Werkes, etwaige Fehler oder Äußerungen.

Gedruckt auf säurefreiem und chlorfrei gebleichtem Papier

Springer Fachmedien Wiesbaden ist Teil der Fachverlagsgruppe Springer Science+Business Media
(www.springer.com)

Internationalisierung mittelständischer Unternehmen

Entwicklungstendenzen, Erfolgskonzepte und Handlungsempfehlungen

Im Rahmen eines Verbundforschungsvorhabens mit acht Industrie- und Handelskammern aus dem IHK-Nordverbund untersuchte das an der Hochschule Bremerhaven ansässige „Institute for Management and Economics" die Erfolgskonzepte der Internationalisierung von international etablierten mittelständischen Unternehmen aus dem nordwestdeutschen Raum. Die beteiligten Kammern im regionalen Kooperationsprojekt sind die Handelskammer Bremen, die IHK Bremerhaven, die Handelskammer Hamburg, die IHK Lüneburg-Wolfsburg, die Oldenburgische IHK, die IHK Osnabrück-Emsland, die IHK für Ostfriesland und Papenburg und die IHK Stade für den Elbe-Weser-Raum.

Vorwort

Die Globalisierung von Märkten stellt nicht nur eine Herausforderung für Großunternehmen dar, sondern betrifft in zunehmendem Maße auch mittelständische Firmen. Kleine und mittelgroße Unternehmen (KMU) engagieren sich heute im Zuge neuer technologischer Entwicklungen, neuer Märkte und insbesondere neuer Dienstleistungen stärker auf Auslandsmärkten als vielfach angenommen und statistisch erfasst. Insbesondere aufgrund ihrer Innovationsdynamik werden KMU heute zu einem immer größer werdenden Bestimmungsfaktor der internationalen Wettbewerbsfähigkeit der nationalen und regionalen Volkswirtschaft. Vor allem aufgrund verstärkten (inländischen und ausländischen) Wettbewerbsdrucks, zu geringer regionaler und nationaler Marktpotentiale und enger Marktbetätigungsfelder sind KMU heute mehr denn je gefordert, sich stärker auf Auslandsmärkten zu positionieren.

Die empirisch gewonnenen und in dieser Studie aufbereiteten Erkenntnisse über das Internationalisierungsgebaren von außenwirtschaftlich erfolgreichen KMU aus dem norddeutschen Raum belegen eindrucksvoll, dass sich KMU bei ihrer Internationalisierung nicht nur wesentlich von Großunternehmen unterscheiden, sondern auch bewusst alternative Wege bei der Erschließung und Bearbeitung von Auslandsmärkten bzw. den gewählten Stufen der Internationalisierung einschlagen. Vor allem die meist unternehmensgrößenunabhängigen qualitativen Bestimmungs- und Erfolgsfaktoren dieser KMU widerlegen, dass mittelständische Unternehmen grundsätzlich von der Globalisierung benachteiligt sind, sondern gerade aufgrund ihrer firmenspezifischen Besonderheiten herausragende Wettbewerbspositionen begründen können, von denen namhafte Großunternehmen mitunter nur träumen.

Die gezeigten Markterfolge und ihre herausgestellten Bestimmungsgründe dieser auslandsmarkterfolgreichen KMU sollten insbesondere auch andere internationalisierungsfähige und -willige KMU ermutigen, internationale Wege zu beschreiten, ihre vorhandenen Stärken international zu nutzen bzw. bündeln und ihre (meist unternehmensgrößenbedingten) Nachteile bei einer Internationalisierung nicht überzubewerten.

Bremerhaven, im Frühjahr 2007

Die Herausgeber

Beteiligte Institutionen am Gemeinschaftsforschungsprojekt

Hochschule Bremerhaven
Institute for Management and Economics (IME)

Projektleitung:
Prof. Dr. Gerhard Feldmeier: Forschungsschwerpunkt Außenwirtschaft und Internationales Management in KMU
Prof. Dr. Heike Simmet: Forschungsschwerpunkt Internationales Marketing
Prof. Dr. Wolfgang Lukas: Forschungsschwerpunkt Internationales Organisations- und Personalmanagement

Projektmitarbeiter:
Jens Dieckmann
Christiane Johannsen

Universität Bremen
Institut für Weltwirtschaft und Internationales Management (IWIM)

Prof. Dr. Axel Sell, Forschungsschwerpunkt Außenwirtschaft und Internationales Management

Handelskammer Bremen
Dr. Matthias Fonger, Hauptgeschäftsführer
Volkmar Herr, Geschäftsführer, Leiter des Geschäftsbereichs International
Annabelle Girond, stv. Leiterin Geschäftsbereich International
Anja Reinkensmeier, Referentin Geschäftsbereich International

IHK Bremerhaven
Michael Stark, Hauptgeschäftsführer
Wilfried Allers, stv. Geschäftsführer Geschäftsbereich International,
Innovation/Umwelt, Industrie

Handelskammer Hamburg
Corinna Nienstedt, Geschäftsführerin Geschäftsbereich International
Heinz W. Dickmann, stv. Geschäftsführer des Geschäftsbereichs
International, Leiter der Abteilung Außenhandelsförderung

IHK Lüneburg-Wolfsburg
Roland Schulz, stv. Hauptgeschäftsführer Geschäftsbereiche Innovation, Umwelt, International
Ralf Bock, Referent Geschäftsbereich International

Oldenburgische IHK
Dr. Joachim Peters, Hauptgeschäftsführer
Gerhard Tholen, Referent Geschäftsbereich International
Felix Jahn, Referent Geschäftsbereich International

IHK Osnabrück-Emsland
Frank Hesse, Geschäftsführer Geschäftsbereich Öffentlichkeitsarbeit,
Wirtschaftspolitik, International
Björn Schaeper, Referent Geschäftsbereich Wirtschaftspolitik,
International

IHK für Ostfriesland und Papenburg
Dr. Dirk Lüerßen, stv. Geschäftsführer, Leiter Geschäftsbereich
International
Oliver Burghardt, Referent Geschäftsbereich International

IHK Stade für den Elbe-Weser-Raum
Jörg Orlemann, Hauptgeschäftsführer
Hubert Bühne, stv. Geschäftsführer Geschäftsbereich International

Inhalt

Vorwort 5
Beteiligte Institutionen am Gemeinschaftsforschungsprojekt 7
Inhalt 9
Abbildungen 11
Fallstudienverzeichnis 12
Auflistung der beteiligten Unternehmen 13
Spezialisierungsprofil der untersuchten Unternehmen 15
Kurzzusammenfassung der Ergebnisse 17

1 Einleitung 19

2 Ziele und Methodik der empirischen Studie 21

3 Strukturmerkmale der untersuchten Unternehmen 23

4 Allgemeine Entwicklungstrends von Auslandsaktivitäten der untersuchten mittelständischen Unternehmen 27
   4.1 Traditionelle Auslandsaktivitäten 27
   4.2 Moderne Auslandsaktivitäten 30

5 Handlungsfelder und Erfolgskonzepte für die Internationalisierung mittelständischer Unternehmen 35
   5.1 Handlungsfeld: Strategische Positionierung, Strukturen und Ressourcen 35
      5.1.1 Erfolgskonzept: Spezialisierung mit Top-Qualität, Flexibilität und kundenindividuellen Lösungen verbinden ... 35
      5.1.2 Erfolgskonzept: Spezifische Know-how-Vorsprünge und Innovationen zum Vorteil des Kunden generieren 40
      5.1.3 Erfolgskonzept: Kompetenzbündelung im Stammhaus kombinieren mit einem Technologietransfer an die dezentralen Auslandsstützpunkte 44
      5.1.4 Erfolgskonzept: Leistungsorientierte Unternehmenskultur und qualifizierte Mitarbeiter hervorbringen 48

5.2 Handlungsfeld: Absatzseitige Auslandsmarktaktivitäten....... 52
    5.2.1 Erfolgskonzept: Persönliche Markterkundung und Kontaktsuche vor Ort mit flexibler Anpassung an die lokalen Bedingungen 52
    5.2.2 Erfolgskonzept: Internationale Kundennähe durch Präsenz vor Ort realisieren............... 57
5.3 Handlungsfeld: Bezugsseitige Auslandsmarktaktivitäten....... 62
    5.3.1 Erfolgskonzept: Günstigen Auslandsbezug zur Stärkung der Wettbewerbsfähigkeit etablieren 62
    5.3.2 Erfolgskonzept: Kontrollierte Bezugswege durch Partnerschaftsstrukturen verwirklichen............... 66

6 Handlungsempfehlungen............... 69
  6.1 Empfehlungen für internationalisierungsinteressierte mittelständische Unternehmen (Mikroebene)............... 69
  6.2 Empfehlungen für die Unterstützung von Auslandsmarktaktivitäten mittelständischer Unternehmen (Mesoebene)............... 73
  6.3 Empfehlungen für die Politik zur Stärkung der internationalen Wettbewerbsfähigkeit mittelständischer Unternehmen (Makroebene)............... 75

7 Fazit 77

Abbildungen

Abb. 1: Sektorstruktur der untersuchten Unternehmen 23
Abb. 2: Kundenstruktur der untersuchten Unternehmen 24
Abb. 3: Unternehmensgrößenstruktur nach Mitarbeiterzahl 25
Abb. 4: Altersstruktur der untersuchten Unternehmen 26
Abb. 5: Stellenwert des Auslandsgeschäfts für die
untersuchten Mittelständler 26
Abb. 6: Art der Auslandsaktivitäten der untersuchten
mittelständischen Unternehmen im Zeitverlauf 27
Abb. 7: Zentrale Komponenten der strategischen
Positionierung 37
Abb. 8: Zentrale Bausteine der Generierung marktfähiger
innovativer Problemlösungen 41
Abb. 9: Typische inner- und zwischenbetriebliche Arbeitsteilung
in gewachsenen internationalen Unternehmensgruppen 46
Abb. 10: Typische Elemente der Geschäftsanbahnung im Ausland . 54
Abb. 11: Ansätze zur Verwirklichung internationaler Kundennähe ... 58
Abb. 12: Faktoren einer nachhaltigen Etablierung kontrollierter
Auslandsbezugswege 67

Fallstudienverzeichnis

Fall 1: Systematisierung der Auslandsvertriebsaktivitäten 33
Fall 2: Intensivierung von Auslandsaktivitäten 34
Fall 3: Spezialist und Problemlöser 37
Fall 4: Designführer im obersten Qualitätssegment 38
Fall 5: Wettbewerbsvorsprung durch Schnelligkeit 39
Fall 6: „Know-how-Schmiede" 42
Fall 7: Aufbau von Spezialwissen 43
Fall 8: Führung von Auslandsstützpunkten 46
Fall 9: Zentrale Steuerung und dezentrale Freiheiten 47
Fall 10: Teamkultur und leistungsstarke Mitarbeiter 50
Fall 11: Persönliche Kundengewinnung durch qualifizierte Mitarbeiter 51
Fall 12: Messepräsenz vor Ort und persönliche Auftragsgewinnung 55
Fall 13: Identifizierung des Marktpotentials und Vertriebspartnersuche 55
Fall 14: Internationale Präsenz 59
Fall 15: Internationales Vertriebskonzept 60
Fall 16: Günstiger und zuverlässiger Auslandsbezug 64
Fall 17: Produktionsverlagerung 65
Fall 18: Konkrete Etablierung von Auslandsbezugswegen 68

Auflistung der beteiligten Unternehmen

Alfred Paulsen Sauerkonserven GmbH & Co. KG, Otterndorf
AMAZONEN-Werke H. Dreyer GmbH & Co. KG, Hasbergen
ANALYTIC PIPE GMBH, Lingen
A. Röders GmbH & Co. KG., Soltau
AS Bekleidungswerke GmbH, Wittmund-Leerhafe
August Storm GmbH & Co. KG, Spelle
Benthin GmbH, Bremerhaven
Big Dutchman International GmbH, Vechta-Calveslage
Block Transformatoren Elektronik GmbH &Co. KG, Verden /Aller
Brötje Schaumtechnik GmbH, Rastede
Cramer GmbH, Leer
Drahtseilwerk GmbH, Bremerhaven
Eisenhart Laeppché GmbH, Wilhelmshaven
emco Bad GmbH & Co. KG, Lingen
Engel-Netze GmbH & Co. KG, Bremerhaven
FahnenFleck GmbH & Co. KG, Pinneberg
Felix Schoeller Holding GmbH & Co. KG, Osnabrück
Floragard Vertriebs GmbH für Gartenbau, Oldenburg
GERHARD BUSCH GmbH, Seevetal
German Lashing Robert Böck GmbH, Bremen
Grimme Landmaschinenfabrik GmbH & Co. KG, Damme
GVO Personal GmbH, Osnabrück
Hanseatische Waren Handelsgesellschaft mbH & Co. KG, Bremen
Heino Ilsemann GmbH, Bremen
HERZOG Maschinenfabrik GmbH & Co., Osnabrück
Hinrichs Bekleidungswerk GmbH, Großefehn
Horst Witte Gerätebau Barskamp e.K., Bleckede/Barskamp
Hugo Vogelsang Maschinenbau GmbH, Essen (Oldb.)
Jahncke Fruchtsäfte-Konzentrate GmbH & Co, Drochtersen
Jelitto Star GmbH, Schwanewede
Kampmann GmbH, Lingen (Ems)
Kopf & Lübben Speditions- und Lagereiges. mbH, Bremen
MBB Liftsystems AG, Ganderkesee/Hoykenkamp
Neuero Farm- u. Fördertechnik GmbH, Melle
Neutrales Transport Kontor GmbH, Bremerhaven

Ostfriesische Markenspirituosen, Friedeburg
Ostfriesische Tee Gesellschaft Laurens Spethmann GmbH & Co. KG, Seevetal
Rickmers Reismühle GmbH, Bremen
ROGGE MARINE CONSULTING G.M.B.H. (RMC), Bremerhaven
Rohde & Liesenfeld International GmbH & Co, Hamburg
Rolf Janssen GmbH, Aurich
ROTEK GMBH & CO. KG, Bremerhaven
Rudolf Schachtrupp KG (GmbH & Co.), Hamburg
Rücker GmbH, Aurich
SAACKE GmbH & Co. KG, Bremen
Schrage Rohrkettensystem GmbH Conveying Systems, Friedeburg
SIKORA AG, Bremen
Stadur Produktions GmbH & Co. KG, Hammah
Stemmann-Technik GmbH, Schüttorf
Stähler Deutschland GmbH & Co. KG, Stade
symex GmbH & Co. KG, Bremerhaven
Tell Bau GmbH, Norden
Thomas GmbH + Co. Sitz- und Liegemöbel KG, Bremervörde
Tom Tailor, Hamburg
Uniflora Fritz Tempelhof GmbH, Hamburg
Uwe Bernhard GmbH, Leer
Vierol Aktiengesellschaft, Oldenburg
Vornbäumen-Stahlseile GmbH Co KG, Bad Iburg
Westland Gummiwerke GmbH & Co. KG, Melle
Wilhelm G. Clasen, Hamburg
W. Ludolph KG, Bremerhaven
Wolff & Olsen GmbH & Co. KG, Hamburg

Spezialisierungsprofil der untersuchten Unternehmen

- Dämmstoffe, Fassaden, Bauzubehör
- Pflanzenschutzmittel und Spezialdünger
- Bettsysteme
- Gemüsesauerkonserven
- Transformatoren
- Fruchtsaftkonzentrate und -säfte
- Straßen-, Haus-, Mast- und Centerbeleuchtung
- Tee, Gesunde Ernährung, Cerealien
- Einbauteile für Schuhe aus SBR-Schaum, Moosgummi, Faser-Vlies
- Kartoffel-, Gemüse- und Zuckerrübentechnik
- Industrie- und Bahnprodukte
- Fütterungsanlagen und Stalltechnik für die Geflügel- und Schweinehaltung
- Mechanische und elektrische Qualitätsersatzteilen für Fahrzeuge
- Transportlösungen in der Luft- und Seefrachtlogistik
- Sicherungssysteme für den Containertransport
- Anlagen für die Probenvorbereitung, Laborautomationssysteme und Rohrpostsysteme
- Heizung, Klima, Lüftung
- Pipeline-Analysen
- Service für Verbrennungsmotoren
- Rohrketten, -Schachtkettenförderer
- Spirituosen, Tee, Porzellan
- Käse, Butter, Milchpulver
- Personal-DL für Gastronomie und Hotellerie
- Düngerstreuer, Sämaschinen, Pflanzenschutzspritzen
- Misch- und Homogenisieranlagen für die Herstellung von Emulsionen, Lotionen, Gelen und Pasten
- Hochwertige Kleinantriebe
- Nautische und aeronautische Instrumente, Präzisions-, Dreh- und Frästeile
- Sicht- und Sonnenschutzsysteme
- Drahtseile

- Entsorgungssysteme, Umwelttechnik, Anlagenbau (insb. Pumpen- und Zerkleinerungstechnik)
- Substrate für den Erwerbsgartenbau, Pflanzenerden und Hobbydünger
- Hubladebühnen, Einstiegssysteme
- Gartentechnik, Kartoffel-Legemaschinen
- Elektro- und leittechnische Systemlösungen
- Maritime Freizeitbekleidung
- Wälzlager, Lineartechnik
- Naturfasern
- Lebensmittelzutaten und -zusatzstoffe, Mode
- Mode- und Lifestyle
- Symbolartikel
- Grabmale, Natursteinimport
- Hochbau, Sportstättenbau
- Fischereigeräte
- Beratung und Training für maritime Projekte
- Weltweites Transportmanagement und Logistiklösungen
- Graphische Maschinen
- HSC-Fräsmaschinen
- Vorrichtungssysteme für die Autoindustrie, Vakuumspanntechnik
- Anlagen für die Getreidelagerung
- Hochwertige Spezialpapiere
- Fischfeinkost
- Walzengummierung, Elastomer-Formteile
- Sanitär-Accessoires
- Herrenhosen
- Mess-, Steuer- und Regelungstechnik für die Kabelindustrie
- Hochwertige Reisprodukte
- Hochwertige Titanblöcke und Halbzeugprodukte
- Verpackungslösungen und Automation-Systemlösungen
- Industrielle Feuerungsanlagen
- Draht, Drahtseile, Feinstseile und Seilzughüllen
- Internationale Containerlogistik
- Nahrungsmittelrohstoffe
- Obst- und Gemüseanbaubedarf
- Schnittgrün

Kurzzusammenfassung der Ergebnisse

Die untersuchten Mittelständler differenzieren sich im internationalen Wettbewerb insbesondere durch klare Angebotsspezialisierung, führende Qualitäts- und Technologiestandards, hohe Schnelligkeit und eine ausgeprägte Flexibilität. Sie erlangen durch Wissens- und Erfahrungsvorsprünge in einem oder wenigen Spezialgebiet(en), durch spezielle Alleinstellungsmerkmale sowie durch permanente Innovationen zum Teil einzigartige Wettbewerbsvorteile.

Führende Marktstellungen und eine erstklassige Reputation gehen insbesondere aus einem über Jahrzehnte erworbenen spezifischen Know-how-Vorsprung und einer daraus resultierenden umfassenden fachspezifischen Problemlösungskompetenz hervor. Die hochwertigen Produkt- und Servicelösungen werden ebenso wie die Herstellungsverfahren ständig weiterentwickelt, verfeinert und verbessert, um Wettbewerbsvorsprünge zu erzeugen und ständig auszubauen. Dadurch verschaffen sie ihren Kunden einen überzeugenden Wettbewerbsvorteil bzw. Zusatznutzen, was in der Regel zu einer langfristigen Kundenbindung und einer hohen Kundenzufriedenheit führt.

Die untersuchten Mittelständler konzentrieren ihre speziell definierten Kernkompetenzen am Heimatstandort. Hierzu zählen insbesondere die Entwicklung von Produkt/Servicelösungen, Vertriebskonzepten, Qualitätsstandards sowie Kernaktivitäten in der Produktion. Die Führung von Auslandsstützpunkten erfolgt nach dem Prinzip einer möglichst großzügigen Einräumung dezentraler Freiheiten. In Verbindung mit einer engen Abstimmung mit dem Stammhaus bezüglich der grundsätzlichen Ziele und Strategien bezweckt dies ein marktnahes und kundenorientiertes Handeln aller ausländischen Akteure vor Ort.

Die etablierten Mittelständler errichten dauerhafte und zuverlässige Vertriebswege und Bezugsquellen im Ausland. Dies verwirklichen sie indem sie die Akteure persönlich auswählen, systematisch leistungsfähig machen und mittels partnerschaftlicher Strukturen an sich binden. Die Tendenz geht dahin, dass sie ihre spezielle Wertschöpfungskette zunehmend internationaler organisieren und direkter steuern. Es erfolgt dabei in den vor- und nachgelagerten Stufen sowohl eine sorgfältige Wahl der Vertriebswege als auch eine strenge Selektion der Rohstoff- und Materiallieferanten. Die Auslandsakteure werden durch direkte persönliche Kontakte und die Gestaltung dauerhafter Partnerschaften in die Geschäftsprozesse der Mittelständler integriert und gebunden.

Die Mittelständler richten ihre internationalen Vertriebsaktivitäten konsequent auf eine direkte Kundennähe aus. Sie vertreiben daher ihre zum Teil maßgeschneiderten Konzeptlösungen in der Regel mittels direkter und persönlicher Vermarktungswege an ihre speziellen Zielgruppen. Dies verwirklichen sie insbesondere durch persönliche Kundenbesuche, Messeteilnahmen, zielgruppenspezifische Vertretungs- und Händlernetze vor Ort sowie durch eigene Präsenzformen in umsatzstarken Ländern.

1 Einleitung

Die Integration vieler europäischer Staaten zur Europäischen Union und deren ständige Erweiterung in Verbindung mit der Globalisierung der Wirtschaft führten in den vergangenen Jahrzehnten zu einer starken Intensivierung der internationalen Verflechtung von Volkswirtschaften, Märkten und Unternehmen. Die europäische und die globale Wirtschaft integrieren sich insbesondere seit der Nachkriegszeit des 2. Weltkriegs zu einem weltweit offeneren Bezugs- und Absatzmarkt sowie Produktionsstandort für Unternehmen. Weltweiter Handel sowie grenzüberschreitende Investitionen und Kooperationen sind aufgrund fortschreitender politischer Liberalisierungstendenzen, effizienter Transportlösungen und moderner Informations- und Kommunikationstechnologien zunehmend einfacher zu etablieren.

Chancen und Risiken der ökonomischen Globalisierung werden in den Medien vorwiegend im Zusammenhang mit den Aktivitäten von global agierenden großen Konzernen diskutiert. Die sogenannten Global Player dominieren daher das Bild in der Öffentlichkeit bezüglich unternehmerischer Auslandsaktivitäten. Die Begleiterscheinungen und Herausforderungen der Globalisierung, wie steigende Komplexität wirtschaftlicher Entwicklungen, intensivierter weltweiter Wettbewerb, schnelle technologische Veränderungen und steigende individuelle Kundenansprüche, sind allerdings nicht nur auf Großunternehmen beschränkt. Auch der ökonomische Mittelstand wird zunehmend mit dem internationalen Wettbewerb konfrontiert bzw. erweitert aktiv sein Engagement auf ausländische Märkte. Wissenschaftlich aufgearbeitete Einzelfalldarstellungen sowie zahlreiche Unternehmensberichterstattungen in den Wirtschaftsmedien deuten darauf hin, dass es viele Erfolgsbeispiele für international aktive mittelständische Unternehmen gibt, die stark in grenzüberschreitenden Dimensionen denken und handeln sowie häufig durch spezifische Wettbewerbsvorteile international führende Marktstellungen mit ihren Produkten und Dienstleistungen erreichen.

Aufgrund des quantitativen und qualitativen hohen Stellenwerts mittelständischer Unternehmen für die deutsche Wirtschaft und Gesellschaft besteht ein öffentlicher Bedarf an empirisch fundierten Erkenntnissen über die modernen Formen der Auslandsaktivitäten und den zugrunde liegenden Erfolgsprinzipien der Internationalisierung dieses Unternehmenstyps. Der vorliegende Forschungsbericht richtet seinen Fokus auf die internationale Wettbewerbsfähigkeit mittelständischer Unternehmen sowie deren zugrunde liegenden Erfolgskonzepte und untersucht diesbezüglich die Aussagen mittelständischer Entscheidungsträger, deren Unternehmen ausgeprägte internationale Vertriebs- und/oder Beschaffungsaktivitäten vorweisen.

Der Inhalt des Forschungsberichts enthält in Kapitel 2 zunächst die Ziele und Methodik der vorliegenden Studie. Nach der Darlegung von Strukturmerkmalen der befragten Unternehmen in Kapitel 3 behandelt das Kapitel 4 dann eine allgemeine Darstellung der Internationalisierung mittelständischer Unternehmen im Zeitverlauf, wie es aus den identifizierten Fallbeispielen abgeleitet wurde. Das Kapitel 5 thematisiert anschließend den Ergebnisteil, der zentrale Handlungsfelder und Erfolgskonzepte der untersuchten mittelständischen Unternehmen im internationalen Wettbewerb herausstellt. Aufbauend auf den gewonnenen empirischen Erkenntnissen werden im Kapitel 6 praktische Handlungsempfehlungen für internationalisierungsinteressierte Mittelständler, konkrete Unterstützungsvorschläge für die Außenwirtschaftsförderung sowie politische Gestaltungsansätze zur Förderung der internationalen Wettbewerbsfähigkeit mittelständischer Unternehmen skizziert. Das Kapitel 7 beendet die Studie mit einem abschließenden Fazit.

2 Ziele und Methodik der empirischen Studie

Ziel der empirischen Untersuchung war es, konkrete Informationen über die internationale Etablierung international erfolgreicher mittelständischer Unternehmen zu erheben, zu analysieren, die Erfolgskonzepte herauszustellen und Handlungsempfehlungen abzuleiten.

Die Untersuchung beinhaltet eine Analyse einer Gruppe von 65 mittelständischen Unternehmen, die anhand spezieller Indikatoren als international etablierte Unternehmen identifiziert wurden. Anhand dieser „best-practise" -Fälle wird untersucht, wie sich mittelständische Unternehmen internationalisieren und welche marktentscheidenden Erfolgskonzepte ihnen zugrunde liegen. Die hierfür relevanten Informationen wurden auf Basis persönlicher Interviews mit den zuständigen Entscheidungsträgern in ausgewählten Unternehmen erhoben. Die Dauer der Gespräche betrug 1 – 3 Stunden. Der zentrale Vorteil dieser tiefeninterviewbasierten Vorgehensweise gegenüber anderen eher standardisierten Erhebungsformen ist die hohe Qualität der gewonnenen Informationen aufgrund der hochwertigen Expertenauskünfte. Folgender Gesprächsleitfaden wurde dabei zugrunde gelegt:

- Wie ergab es sich für Ihr Unternehmen, ins internationale Geschäft einzusteigen und welche weiteren Schritte führten zum Ausbau des Auslandsgeschäft?
- Wie verlief die geographische Expansion Ihres Unternehmens auf den Auslandsmärkten?
- Welche betrieblichen Funktionen (Beschaffung, Produktion, Vertrieb …) Ihres Unternehmens sind international ausgerichtet und in welcher Form ist dies organisiert?
- Welche Faktoren beeinflussen die erfolgreiche Gestaltung der Auslandsaktivitäten Ihres Unternehmens?
- Welche Hindernisse traten während der Auslandsexpansion Ihres Unternehmens auf und wie wurden diese bewältigt?
- Wie wurden die notwendigen organisatorischen Anforderungen bewältigt?

- Welche konkreten Herausforderungen traten bei den Auslandsaktivitäten im Bereich des Personalmanagements auf?
- Welche Qualifizierungsmaßnahmen benötigen die Mitarbeiter Ihres Unternehmens zur Sicherung zukünftiger Auslandsgeschäftserfolge?
- Welche Formen der Unterstützung haben Sie für den Auf- und Ausbau des Auslandsgeschäfts in Anspruch genommen und von welchen Akteuren kamen bzw. kommen diese?
- Welche konkreten Erwartungen haben Sie hinsichtlich möglicher Unterstützungsleistungen im Internationalisierungsprozess?

Aufgrund der Sensibilität der individuellen Auskünfte und der Zusage einer vertraulichen Auswertung der Informationen wurden die dargestellten Praxisbeispiele in der Studie anonymisiert und nicht den betroffenen Unternehmen direkt zugeordnet.

Im Allgemeinen wird ein mittelständisches Unternehmen im Rahmen dieser Untersuchung als international eingeordnet, wenn es absatz- und bezugsseitige Geschäftsbeziehungen zum Ausland unterhält, die eine hohe Bedeutung für die langfristige Unternehmensexistenz bzw. Wettbewerbsfähigkeit haben. Als Auswahlkriterien für die internationale Etablierung der selektierten Unternehmen wurden die Indikatoren „international führende Marktstellung in speziellen Geschäftsfeldern", „ausgeprägte und breit gestreute Export- und Importaktivitäten" und/oder „größere Direktinvestitionen in Form von Auslandsniederlassungen und Tochtergesellschaften" herangezogen.

Als mittelständische Unternehmen werden in dieser Untersuchung Unternehmen zugrunde gelegt, die (unabhängig von quantitativen statistischen Unternehmensgrößenabgrenzungen) organisatorisch und rechtlich selbständig sind und ihre Geschäfte konzernunabhängig führen. Dabei handelt es sich in der Regel um inhabergeführte Unternehmen und/oder Unternehmen in Familienbesitz. Diese Abgrenzung lehnt sich an die qualitative Definition des Mittelstandes an, nach der eine Einheit von Eigentum, Leitung, Haftung und Risiko ein typisches mittelständisches Unternehmen darstellt.

3 Strukturmerkmale der untersuchten Unternehmen

Die Grundgesamtheit der teilnehmenden Unternehmen wird dominiert vom Typ des inhabergeführten traditionsreichen Unternehmens aus dem verarbeitenden Gewerbe. Die untersuchten Unternehmen sind zu 75 Prozent dem mittelständischen verarbeitenden Gewerbe bzw. industriellen Mittelstand zuzurechnen. Diese Gruppe zeichnet sich insbesondere dadurch aus, dass sie in handwerklicher und/oder industrieller Produktionsweise Sachgüter in Serien-, Varianten- und Sonderfertigung herstellt und als Kombination aus Produkt und produktbegleitenden Dienstleistungen am Markt anbietet.

Abbildung 1: Sektorstruktur der untersuchten Unternehmen (n=65)

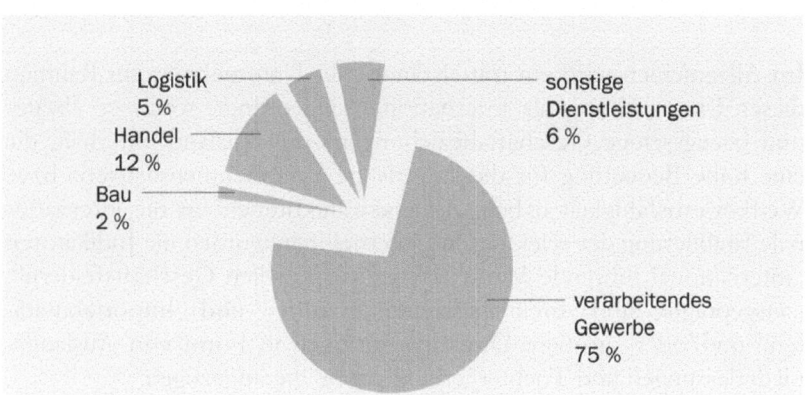

Die Sektorengruppe des verarbeitenden Gewerbes besteht wiederum hauptsächlich aus mittelständischen Investitionsgüterherstellern und Zulieferunternehmen. Branchenbezogen ist insbesondere der Maschinen- und Anlagenbau (inkl. Landtechnik) stark vertreten. Auch Unternehmen aus den Bereichen Ernährung, Metallverarbeitung, Textil und Bekleidung und Elektrotechnik sind häufiger vertreten. Mittelständische Konsumgüterhersteller stellen eine Minderheit im

Untersuchungssample dar. Die Gruppe der mittelständischen Dienstleistungsunternehmen ist in der Grundgesamtheit zu ca. einem Viertel vertreten. Diese setzen sich aus Handels-, Logistik- und einigen sonstigen Dienstleistungsunternehmen zusammen. Weiterhin zählt ein Bauunternehmen zu der teilnehmenden Unternehmensgruppe. Die nationale und internationale Abnehmerzielgruppe für die Leistungen der untersuchten Unternehmen wird deutlich dominiert von Geschäfts- bzw. Unternehmenskunden (B2B-Beziehungen).

Abbildung 2: Kundenstruktur der untersuchten Unternehmen (n=65)

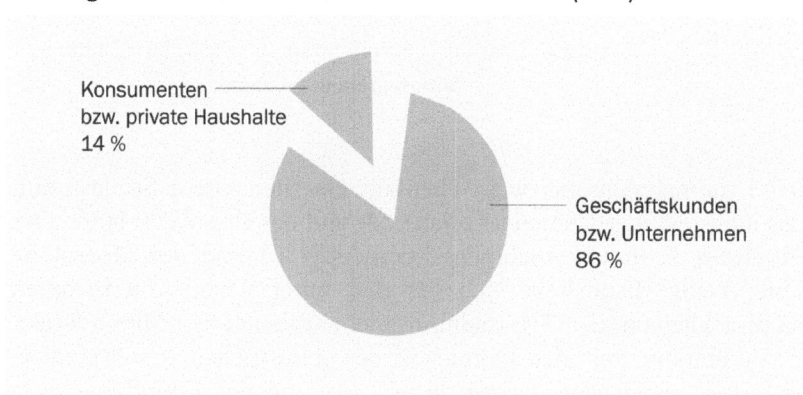

Die Unternehmensgrößenstruktur der teilnehmenden Unternehmen, gemessen anhand der Mitarbeiterzahl, umfasst eine Spannbreite von 8 bis 2500 Mitarbeitern. Der Mittelwert beträgt 331 Mitarbeiter und der von Extremwerten unverzerrte Medianwert 162 Mitarbeiter. Die größte Anzahl der Unternehmen entfällt auf die Mitarbeitergrößenklasse mit 50 bis 249 Mitarbeitern.

Abbildung 3: Unternehmensgrößenstruktur nach Mitarbeiterzahl

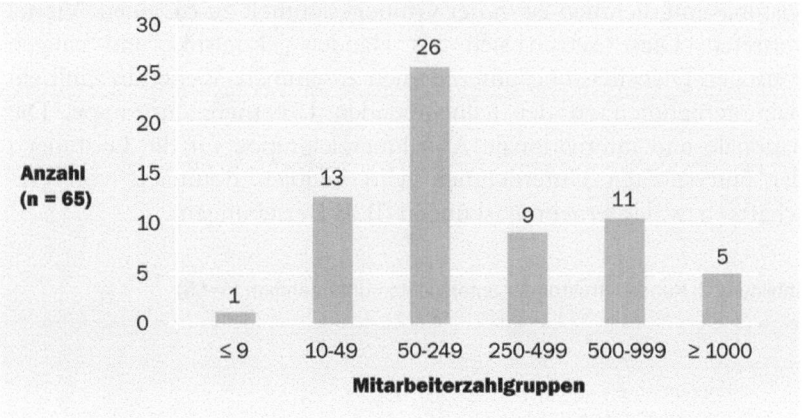

Das Unternehmensalter weist ebenfalls eine heterogene Struktur auf. Das jüngste Unternehmen ist 6 Jahre alt und das älteste 200 Jahre. Der Mittelwert beim Unternehmensalter beträgt 71 und der Median 59 Jahre. Daher handelt es sich bei den untersuchten Unternehmen hauptsächlich um den Typ traditionsreicher mittelgroßer Mittelständler. In Verbindung mit der Dominanz des industriellen Mittelständlers sind dies vorwiegend Unternehmen, die aus der Gründung eines Handwerksbetriebes im Laufe der Unternehmensentwicklung zu industrialisierten Unternehmen wurden und durch zunehmende Spezialisierung, permanente Innovationen und sukzessive Internationalisierung expandierten. Sonderformen beteiligter mittelständischer Unternehmen sind traditionsreiche Handelsunternehmen, deren weltweite Kontakte bis in die Kolonialzeit zurückreichen sowie Mittelstandskonzerne, die den typischen quantitativen Dimensionen eines Mittelständlers entwachsen sind, deren Eigentum allerdings in Familienbesitz verblieb und deren Selbstverständnis „mittelständisch" ist und daher den Merkmalen der qualitativen Unternehmenstypenabgrenzung entspricht.

Abbildung 4: Altersstruktur der untersuchten Unternehmen

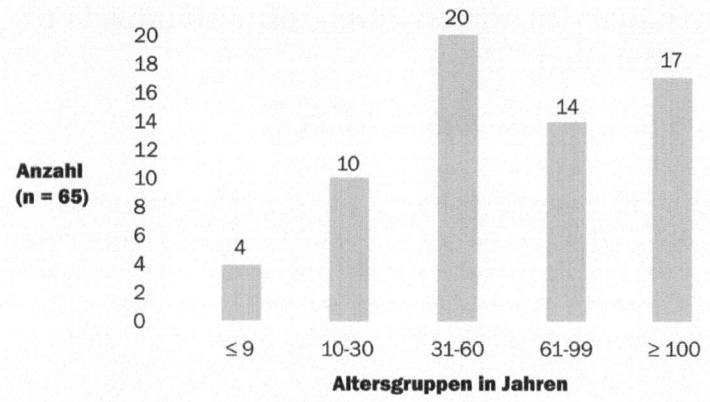

Hohe Export-, Auslandsumsatz- und Importquoten zeigen die starke Ausprägung und den hohen Stellenwert des Auslandsgeschäfts für die untersuchten Unternehmen. Zur Darstellung der Auslandsquotenstruktur wurde die jeweils dominierende Auslandsgröße des Mittelständlers herangezogen.

Abbildung 5: Stellenwert des Auslandsgeschäfts für die untersuchten Mittelständler

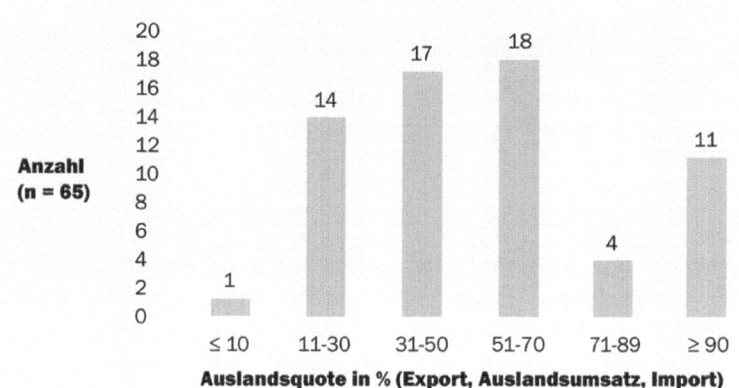

4 Allgemeine Entwicklungstrends von Auslandsaktivitäten der untersuchten mittelständischen Unternehmen

4.1 Traditionelle Auslandsaktivitäten

Die beiden Abschnitte dieses Kapitels behandeln die Strukturveränderungen der Auslandsaktivitäten der untersuchten mittelständischen Unternehmen im Zeitverlauf. Wie in Abbildung 6 veranschaulicht, wird in allgemeiner Weise aufgezeigt, wie sich deren Aktivitäten im Laufe der Unternehmensbiographie tendenziell entwickelt haben.

Abbildung 6: Art der Auslandsaktivitäten der untersuchten mittelständischen Unternehmen im Zeitverlauf

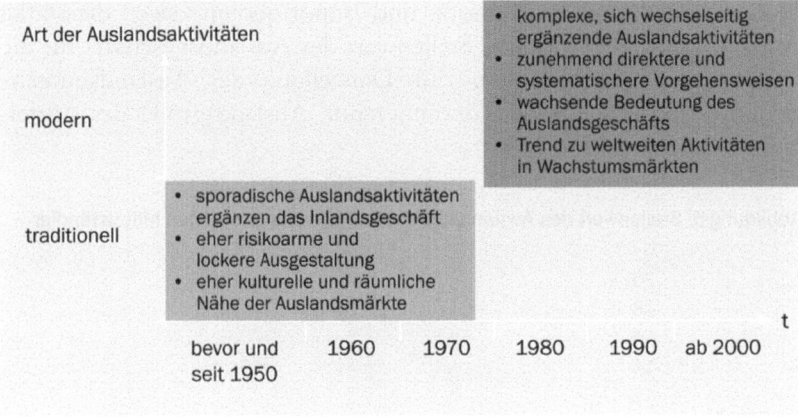

Die Abwicklung von ersten vereinzelten Auslandsgeschäften erfolgte bei den untersuchten Mittelständlern in der Regel zu einem frühen Zeitpunkt in der Unternehmensentwicklung. Typischerweise ergaben sich erste Auslandsaufträge durch die Vermittlung von Aufträgen über bestehende inländische Geschäftsbeziehungen zu Händlern oder

Großunternehmen mit Auslandskontakten, durch vereinzelte Anfragen von ausländischen Interessenten oder durch zufällige Messekontakte mit ausländischen Händlern, denen die Unternehmer offen gegenüber standen.

Nach diesem Muster wurden gelegentliche Auslandsaufträge abgewickelt, erste grenzüberschreitende Erfahrungen gesammelt und sporadische Auslandsbeziehungen auf persönlicher Basis zu ausländischen Zwischenhändlern aufgebaut. Die Auslandsaktivitäten in den fünfziger, sechziger und siebziger Jahren des zwanzigsten Jahrhunderts wurden insbesondere in west-, nord- und südeuropäischen Nachbarländern oder Nordamerika vorgenommen. Gründe hierfür waren hauptsächlich die räumliche und kulturelle Nähe dieser Länder, der steigende Bedarf an hochwertigen Produkten in diesen Ländern, die geopolitische Lage in dieser Zeit und die zunehmende Integration Westeuropas. Ausnahmen bildeten einzelne Mittelständler, die aus firmenspezifischen Gründen zusätzlich auch schon früh im Fernen Osten, Südamerika oder Afrika aktiv wurden bzw. waren, wie z. B. traditionsreiche Handelsunternehmen mit weltweiten Geschäftskontakten, die bis in die Kolonialzeit zurückreichen.

Typische Aussagen der befragten Unternehmen zu frühen grenzüberschreitenden Erfahrungen:

„Es gab schon immer **vereinzelte Exportaktivitäten** in unserem Unternehmen."

„Früher kamen oft **Anfragen** von ausgewanderten Deutschen aus aller Welt."

„Die Welt kam auf uns zu, weil sie in **Branchenkreisen auf uns verwiesen** wurde."

„Wenn man sich einen **erstklassigen Ruf** erarbeitet hat, dann kommen viele Anfragen, die zu Aufträgen führen."

„Auf nationalen und internationalen **Fachmessen** gab es immer wieder **Kontakte** zu Kunden und Händlern, die zu Auslandsaufträgen führten."

„Wir suchten zunächst in der unmittelbaren **Nachbarschaft** nach Marktpotentialen: Niederlande, Belgien, Frankreich, Schweiz, Österreich, England und Skandinavien."

„Die geographische Expansion erfolgte immer weiter um das **Hausgebiet** herum."

Zur Beschreibung des eher langsamen Wachstumsprozesses des Auslandsgeschäfts sprechen einige Unternehmer vom „Sog- bzw. Schneeballeffekt". Dieser wird ausgelöst durch den stetigen Beweis einer einwandfreien Leistung und einer daraus hervorgehenden zufriedenen Kundschaft, die durch „Mund-zu-Mund-Propaganda" für eine zunehmende Bekanntheit im Fachgebiet sorgt. Überzeugende Problemlösungen, zahlreiche Referenzen und ein erstklassiger Ruf ziehen weitere Geschäfte nach sich und die Kontakte vermehren sich. Dies führt dazu, dass sich neben direkten Auftragsanfragen von Kunden auch Anfragen von ausländischen Händlern nach Vertretungsrechten vermehren. Auch die Internationalisierung der bisherigen Abnehmerbranchen führte dazu, dass Mittelständler ihre Auslandsaktivitäten verstärkten. „Als Mittelständler muss man seinen Märkten folgen", bringt ein Unternehmer diesen Aspekt auf den Punkt. Die Internationalisierungsformen in dieser frühen Internationalisierungsphase waren eher risikoarm und lose. Es wurden in der Regel einfache Export- und Importgeschäfte über Zwischenhändler im In- und Ausland genutzt.

Zu beobachten ist, dass die untersuchten Mittelständler probierend und risikobewusst vortastend in die Auslandsaktivitäten hineingewachsen sind und mit zunehmender internationaler Erfahrung in der Unternehmensbiographie die aktive systematische Einflussnahme auf die weiteren Internationalisierungsschritte stieg. Der Internationalisierungsverlauf als solcher wird von den Unternehmern als ein eher „schleichender Prozess" beschrieben. Dabei wird ein organisches Wachstum aus eigener Kraft kombiniert mit kooperativen Vorgehensweisen. Markteintritte durch Unternehmenskäufe sind die Ausnahme und in der Regel nur bei größeren Mittelständlern in einem risikobegrenzten Ausmaß zu beobachten, z. B. in Form von Unternehmensübernahmen im Kontext von Nachfolgeregelungen oder Transaktionen mit überschaubarem Kapitalbedarf.

4.2 Moderne Auslandsaktivitäten

Auslandsaktivitäten in den achtziger, neunziger und späteren Jahren erfolgten zunehmend geplant und gezielt in unternehmensspezifisch interessanten Ländern bzw. weltweit relevanten Wachstumsmärkten. Zu den klassischen Aktivitäten kamen in dieser Phase systematischere und intensivere absatz- und/oder bezugsseitige Markterschließungen von Auslandsmärkten. Die Hintergründe dieser Entwicklung waren eine steigende Erwartung der Kunden nach lokalen Ansprechpartnern und einen Kundendienst vor Ort sowie eine zunehmende Bedeutung des Auslandsgeschäfts für das Unternehmenswachstum bzw. die Unternehmensexistenz im Angesicht von Marktsättigungseffekten und steigendem Wettbewerbsdruck im Inland. Auch die gestiegene Auslandserfahrung der Unternehmen, effizientere Informations- und Transporttechnologien, aufstrebende weltweite Wachstumsregionen mit zunehmend anspruchsvollerem Güterbedarf sowie die veränderte geopolitische und ökonomische Lage führten zu einer zunehmend intensiveren Ausrichtung der Mittelständler auf Auslandsmärkte. Wachstumsziele und Geschäftspotentiale wurden mehr und mehr durch die stärkere Durchdringung teilweise erschlossener Auslandsmärkte und die direkte Erschließung von absatz- und bezugsseitigen Marktpotentialen in neuen Märkten erreicht. Geographisch betrachtet wurden in dieser modernen Phase der Internationalisierung die Aktivitäten in westeuropäischen und nordamerikanischen Ländern vertieft und zunehmend ergänzt durch Engagements insbesondere in Japan, Südostasien, Osteuropa, Russland, Südamerika, China, Indien und dem Nahen Osten.

Die Hauptmotive für intensivere Internationalisierungsschritte der untersuchten Mittelständler sind absatzseitig die Bindung bestehender Kunden, die Erschließung neuer Märkte sowie bezugsseitig die Sicherung der direkten Versorgung mit Qualitätsrohwaren und die direkte kontrollierte Beschaffung günstiger Vorprodukte zwecks Kostensenkung. Die Mittelständler erschließen sich hierfür zunehmend weltweite exklusive Absatz- und Bezugswege. Sie eröffnen Repräsentanzen und Niederlassungen, gründen Tochtergesellschaften, tätigen Beteiligungen, nutzen Lizenzen, gehen grenzüberschreitende Kooperationen und Allianzen ein oder etablieren eigenkontrollierte Produktionskapazitäten im Ausland. Diese Formen internationaler Tätigkeiten werden unternehmensspezifisch kombiniert, um ein nachhaltiges Wachstums bzw. die langfristige Wettbewerbsfähigkeit des Unternehmens zu sichern.

> **Typische Aussagen der befragten Unternehmen zu den modernen Anforderungen im internationalen Wettbewerb:**
>
> „Vertrieb und Service in **Marktnähe** sind eine Grundbedingung für den Erfolg in unserer Branche."
>
> „Man muss vor Ort **präsent sein,** um Aufträge zu bekommen."
>
> „Wir wollen ein **Dienstleister vor Ort** sein und weltweit **engen Kundenkontakt** bieten."
>
> „Strategisch wichtige Länder bzw. Kunden sollen mit einer **eigenen Repräsentanz** bearbeitet werden."
>
> „Die verschärfte Marktsituation im Inland erforderte es seit den achtziger Jahren, sich **direktere Bezugswege** im Ausland zu suchen und aufzubauen."

Die Fähigkeit erfolgreiche Auslandsaktivitäten zu etablieren besteht für die Mittelständler zunehmend darin, die eigenen Kernaktivitäten und die Leistungen der unterschiedlichsten international tätigen Akteure (Rohstofflieferanten, Zulieferer, Vertriebspartner, Logistikpartner ...) so zu konfigurieren, zu koordinieren und zu integrieren, dass erfolgreiche Geschäftsabschlüsse mit den nationalen und internationalen Kunden zustande kommen. Die Tendenz geht bei den untersuchten Mittelständlern dahin, dass sie ihre gesamte Wertschöpfungskette zunehmend direkter steuern und kontrollieren. Es erfolgt dafür eine strenge Selektion der Rohstoff- und Materiallieferanten ebenso wie eine sorgfältige Wahl der zielgruppenspezifischen Vertriebswege. Die Auslandsakteure werden durch vertragliche Regelungen, direkte persönliche Kontakte und durch die Gestaltung dauerhafter Partnerschaften gebunden und in die Geschäftsprozesse der Mittelständler integriert.

Die heutige erfolgreiche Etablierung mittelständischer Unternehmen im internationalen Wettbewerb wird von diesen in unterschiedlichen qualitativen und quantitativen Dimensionen ausgedrückt. Viele der untersuchten Mittelständler sind in speziellen Geschäftsfeldern mit ihren Problemlösungen europa- oder auch weltweit in der Spitzengruppe. Als Messkriterien werden hierbei insbesondere Weltmarktanteile sowie führende Qualitäts- oder Technologiestandards herangezogen. Ein weiterer Aspekt der starken Auslandsorientierung lässt sich in der geographischen Abdeckung der Märkte beobachten. Die Anzahl der Länder, in denen erfolgreich Leistungen erbracht wurden und die Anzahl der Auslandsvertretungen durch Vertriebspartner bzw. eigenen Einheiten, sind weitere Etablierungsindikatoren.

Typische Aussagen für eine stark ausgeprägte Auslandsetablierung

„Eines unserer Spezialprodukte hat einen *Weltmarktanteil* von 90 Prozent."

„Wir sind einer der *weltweit größten Hersteller* in unserem Marksegment."

„Wir setzen mit unseren *Qualitäts- und Technologiestandards weltweit* die Maßstäbe in unserem Fachgebiet."

„Wir sind *weltweit präsent* durch eigene Tochterfirmen und zahlreiche Vertretungen."

„Wir unterhalten ein *weltweites Vertriebsnetz* über ausländische Vertriebspartner vor Ort *in über 170 Ländern*."

„Bis heute wurden über 2.000 unserer Maschinen in *110 Länder* verkauft."

„Wir **beziehen 95 Prozent** unserer exklusiven Ware **aus dem Ausland**."

Das heutige Selbstverständnis und die Ausrichtung des Unternehmens für die Zukunft beinhalten bei vielen der untersuchten Mittelständler den klaren Bezug zum Ausland. Aufgrund der typischen Spezialisierung mittelständischer Unternehmen und eines dadurch eher begrenzten Marktpotentials, tendenziell eher stagnierenden Märkten im Inland sowie dem zunehmenden Druck durch aufholende Auslandskonkurrenz, versuchen die Mittelständler Alleinstellungen in führenden Qualitätssegmenten zu erarbeiten und Wachstumspotentiale durch verstärkte Auslandsmarktaktivitäten zu verwirklichen.

Typische Aussagen der befragten Unternehmen zum heutigen Selbstverständnis und zur Zukunftsausrichtung:

„Wir sind ein *in Deutschland beheimatetes weltweit operierendes* Unternehmen."
„Wir sind ein *international arbeitender Systemanbieter.*"
„Wir *denken* und *handeln international.*"
„Wer wachsen will, muss sich *global orientieren.*"
„Eine *nachhaltige Präsenz auf den globalen Märkten* des neuen Jahrtausends wird angestrebt."

Praxisbeispiele

Fall 1: Systematisierung der Auslandsvertriebsaktivitäten

Ein 1929 gegründeter mittelständischer Technologieführer im Bereich Entsorgungssysteme und Umwelttechnik bezeichnet sich als traditionell exportorientiertes Unternehmen. „Wir haben aufgrund unserer speziellen Kompetenz schon früh immer wieder Aufträge aus dem Ausland erhalten und bearbeitet", so einer der Geschäftsführer des Unternehmens. Insbesondere in der Nachkriegszeit wurden die Auslandsgeschäfte zunehmend häufiger. „Kontakte auf Messen führten nach und nach zu etablierten Geschäftsbeziehungen zu Händlern in unseren europäischen Nachbarländern", schildert er. In dieser Art wickelte man in den fünfziger, sechziger und siebziger Jahren die Auslandsgeschäfte über in- und ausländische Absatzmittler mit den Auslandskunden ab. Seit den achtziger Jahren und insbesondere in den neunziger Jahren beschloss die Unternehmensführung dem Auslandsgeschäft eine höhere Bedeutung für die langfristige Unternehmensentwicklung zuzuschreiben. Der deutsche Markt war im speziellen Geschäftsfeld auf einem hohen Niveau versorgt und versprach nur geringe Wachstumsraten. Daher reifte die Entscheidung Auslandsmärkte zukünftig strukturierter und zielgerichteter zu erschließen. Die Bearbeitung von Ländern in räumlicher und kultureller Nähe mittels Geschäftsbeziehungen zu mehr oder weniger zufälligen Messebekanntschaften wurde zunehmend abgelöst durch eine bewusste Suche nach geeigneten Handelspartnern und Standorten für eigene Vertriebstochterunternehmen im Ausland. Es wurden die Kernregionen Europa, USA und Asien identifiziert und innerhalb dieser Regionen wurden die Länder in einem Länderranking nach strategischer Bedeutsamkeit verdichtet. Hauptkriterien dabei waren das Marktpotential, die politisch-rechtliche Lage und die sprachlichen Bedingungen. Heute ist der Mittelständler ein weltweit gefragter Partner in seinem Fachgebiet, weist eine Exportquote von über 50 Prozent auf und beschäftigt 30 seiner 250 Mitarbeiter in ausländischen Tochtergesellschaften.

Fall 2: Intensivierung von Auslandsaktivitäten

Ein seit 1883 bestehender international tätiger mittelständischer Zulieferer für die Nahrungsmittelbranche hat eine weltweit führende Position in seinem Geschäftsfeld erreicht. „Wir gehören zu den drei größten Anbietern der Welt in unserem speziellen Segment" sagt der Unternehmer. Seit Anfang der 1990er Jahre etablierte der Mittelständler Auslandsstandorte in Mittel- und Osteuropa durch Joint Ventures in der Ukraine sowie eigene Werke in Polen und in der Türkei. Ziel war es, den strategischen Zugang zu den wichtigsten Anbaugebieten der Rohstoffe zu sichern, um eine ganzjährige zuverlässige Belieferung für den Kunden sicherzustellen. „Dadurch können wir unsere Rohwaren direkt einkaufen und verarbeiten, so dass wir unseren Kunden eine qualitativ hochwertige Ware und ganzjährige Lieferfähigkeit bieten können", so der Unternehmer. Weiterhin erfolgt eine Aufteilung von Fertigungskompetenzen zwischen den ausländischen Werken und dem deutschen Standort. Im Inland werden dabei know-how-intensive innovative Produkte und in den ausländischen Werken einfachere Produktvarianten, die einem stärkeren Preisdruck ausgesetzt sind, gefertigt. Absatzseitig wurde der Vertrieb durch vertraglich geregelte Handelsbeziehungen mit lokal ansässigen Vertriebspartnern und eigenen Vertriebsbüros, wie z. B. in Moskau, direkt in den Zielmärkten organisiert. Neben etablierten westeuropäischen Zielregionen seien zukünftig Wachstumsmärkte wie Russland, Nordafrika und der Nahe Osten als Zielregionen interessant.

5 Handlungsfelder und Erfolgskonzepte für die Internationalisierung mittelständischer Unternehmen

5.1 Handlungsfeld: Strategische Positionierung, Strukturen und Ressourcen

5.1.1 Erfolgskonzept: Spezialisierung mit Top-Qualität, Flexibilität und kundenindividuellen Lösungen verbinden

Typische Aussagen der befragten Unternehmen zu diesem Erfolgskonzept:

„Weltweit gibt es nur wenige Firmen, die direkt mit unserem fast *einzigartigen Angebot* konkurrieren."

„Wir versuchen uns **hochwertig** in *Nischen* zu etablieren und verschaffen unseren Kunden einen klaren Wettbewerbsvorteil."

„Wir orientieren uns an den *Wünschen der Kunden* und bieten *höchstmögliches Qualitäts- und Innovationsniveau.*"

„Wir sind ein *Premiumanbieter*, der exklusiv an ein qualitätsbewusstes Klientel verkauft."

„*Flache Hierarchien und schnelle Entscheidungswege* verschaffen uns die notwendige *Flexibilität* und *Schnelligkeit* am Markt."

„Wir bieten *maßgeschneiderte Systemlösungen* aus einer Hand, keine Massenprodukte von der Stange."

„Von der Aufgabenanalyse bis zur termingerechten Lieferung und After-Sales-Services. Wir entwickeln *Komplettangebote* für praktische Problemstellungen."

„Der Aufbau von *individuellen Geschäftsbeziehungen* ermöglicht die schnelle Reaktion auf veränderte Kundenbedürfnisse."

In Abgrenzung zur Strategie einer Bedienung von Massenbedürfnissen, wie sie bei großen Konzernen in der Regel zu beobachten ist, und zur Unterscheidung von günstigen Massenwarenherstellern aus Billiglohnländern, konzentrieren sich die untersuchten Mittelständler auf ein hochwertiges Angebot für speziell definierte anspruchsvolle Zielgruppen. Die inhaltliche Spezialisierung der Geschäftstätigkeiten resultiert dabei in der Regel aus der historischen Grundsteinlegung des Betriebs sowie späteren marktorientierten Neujustierungen der Geschäftstätigkeiten. Die Konzentration der Ressourcen auf die unternehmensspezifischen Stärken in einem bzw. wenigen lukrativen Geschäftsfeldern, stellt zusammen mit einer meist über Jahrzehnte gewachsenen großen Erfahrung im Fachgebiet einen wesentlichen Differenzierungsfaktor der Mittelständler im Wettbewerb dar.

Folgende strategische Leitfragen der Unternehmensführung sind dabei typisch:

- Was können wir besser als andere?
- Was ist unser Know-how?
- Was sind unsere Kernkompetenzen und spezifischen Stärken?
- Welche Zielgruppe wollen wir erreichen?
- Wie wollen wir uns im Markt positionieren?
- Wie können wir uns von potentiellen Wettbewerbern differenzieren?

Erfolgskritische Faktoren für eine Wettbewerbspositionierung im führenden Qualitätssegment sind insbesondere die Schaffung von Alleinstellungsmerkmalen sowie Wissens- und Leistungsvorsprünge. Zur Abgrenzung von Wettbewerbern durch eine Spezialisierung treten dabei zusätzliche Differenzierungsansätze, wie z. B. individuelle Konzeptlösungen für den Kunden, eine herausragende Produktqualität, ein führender technologischer Standard, ein erstklassiger Ruf, eine starke Marke, ein besonderes Produktdesign, ein umfassender Service, eine hohe Lieferschnelligkeit sowie eine große Zuverlässigkeit in der Auftragsabwicklung, auf. Diese unternehmensindividuell zu definierenden und zu verwirklichenden Erfolgsfaktoren der strategischen Positionierung stehen dabei nicht isoliert nebeneinander, sondern der eigentliche Markterfolg resultiert aus ihrem wechselseitigen Zusammenwirken. Die Lösungen verschaffen den Kunden einen klaren Wettbewerbsvorteil bzw. Zusatznutzen und machen den Mittelständler dadurch unentbehrlich, was in der Regel zu einer langfristigen

Kundenbindung führt. Abbildung 7 illustriert die wesentlichen Komponenten der strategischen Positionierung.

Abbildung 7: Zentrale Komponenten der strategischen Positionierung

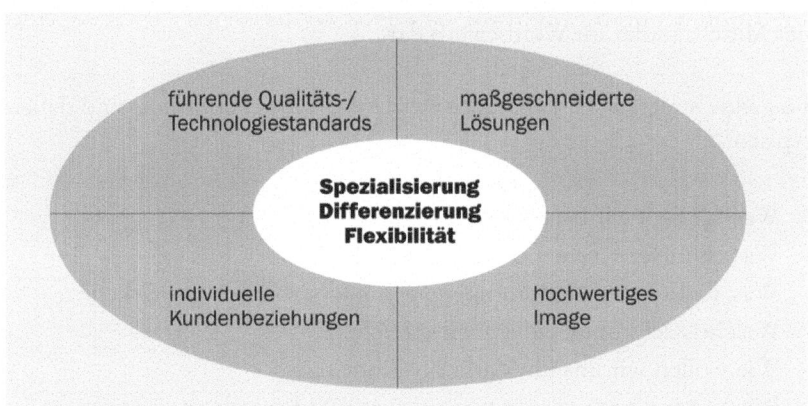

Praxisbeispiele

Fall 3: Spezialist und Problemlöser

Ein mittelständischer Anlagenanbieter realisiert mit einem Team von 25 Mitarbeitern individuelle Komplettlösungen (Konzeption, Lieferung und Inbetriebnahme sowie After-Sales-Services) für die Kunden. „Unser Erfolg basiert auf dem Zusammenspiel vieler Faktoren", betont der Inhaber. Sehr bedeutend seien die Entwicklung überzeugender Problemlösungen und der international erstklassige Ruf im speziellen Fach- und Kundenkreis. „Wenn Probleme der Beförderung gelöst werden sollen, kommen Interessenten schnell auf unser Unternehmen", führt er weiter aus. Dieser über Jahre erworbene Vertrauensvorschuss und Imagevorteil in Branchenkreisen sei ein starker Wettbewerbsvorteil. Es gebe nur sehr wenige Wettbewerber, die mit dem Leistungsniveau konkurrieren könnten. Eine starke Kundenorientierung und eine ausgeprägte Servicementalität seien weiterhin für den Erfolg im In- und Ausland entscheidend. „Wir sind konsequent auf die Bedürfnisse unserer Kunden ausgerichtet", heißt es. Das umfassende Servicekonzept basiere auf folgenden Kernelementen: individuelle Ansprache der Kunden, Bedarfsanalysen, kundenorientierte Produktentwicklung, Beratung, Finanzierungslösungen, Inbetriebnahme, Garantieleistungen, Reparaturen, Wartung, Ersatzteile sowie Schulungen. Ein weltweites Vertreternetz steht den Kunden als Anlaufstelle und Servicestützpunkt vor Ort zur Verfügung.

Fall 4: Designführer im obersten Qualitätssegment

Ein mittelständischer Anbieter von Einrichtungsaccessoires bezeichnet sich als Ausstattungsspezialist und verweist auf seine Erfolgsgründe im Auslandsgeschäft. „Made in Germany hat in unserem Geschäftsfeld international einen hochwertigen Ruf", erläutert einer der Geschäftsführer. Notwendige Bedingungen für den Markterfolg seien ein hoher Designanspruch, eine erstklassige Qualität und eine innovative Funktionalität der Produkte. „Man muss sich durch einen klaren Zusatznutzen im Wettbewerb unterscheiden", beschreibt er die Anforderungen an Qualitätsprodukte im oberen Preissegment. Hierfür sind eine professionelle Markenstrategie und permanente Marketinginnovationen nötig, die aus dem genauen Erkennen der Kundenbedürfnisse in Verbindung mit der Orientierung an modernsten Designtrends resultieren. „Wir genießen eine weltweite Anerkennung für unser hervorragendes Design", wird argumentiert. Man orientiere sich an den neuesten Trends, die von Topdesignern der Welt vorgegeben werden. Die Würdigung der Leistungsfähigkeit auf diesem Gebiet erfolge nicht nur durch die Aufträge und Kaufentscheidungen von anspruchsvollen Kunden, wie z. B. Hotelinvestoren in Dubai, sondern werde auch durch Preise wie dem „red dot design award" sowie dem „if design award" untermauert.

Fall 5: Wettbewerbsvorsprung durch Schnelligkeit

Ein mittelständisches Handelsunternehmen ist Spezialist für den Handel von Qualitätswaren im Bereich der Fahrzeugbranche. Das Unternehmen hat 100 Mitarbeiter, verfügt über weltweite Geschäftsbeziehungen in über 115 Ländern und hat eine Auslandsquote am Handelsgeschäft von ca. 70 Prozent. „Unsere großen Vorteile sind die Schnelligkeit, Flexibilität, Zuverlässigkeit und die persönliche Kundennähe bei der Abwicklung von Aufträgen", so einer der Vorstandsmitglieder des Mittelständlers. Es würden aufgrund fehlender langwieriger Gremienentscheidungen und einem Verzicht auf unnötige Meetings schnelle Entscheidungen getroffen. „Wir erreichen dadurch in Vergleich zu größeren Konkurrenten kürzere Lieferfristen, was in unserer Branche dem Kunden einen wesentlichen Vorteil verschafft", erläutert er. Ein zu starkes Unternehmenswachstum sei nicht erwünscht, um diese Wettbewerbsvorteile nicht zu gefährden. Die schnelle Lieferung und pünktliche Einhaltung von Lieferversprechen sei gerade bei internationalen Wettbewerbern nicht selbstverständlich und daher ein wesentlicher Differenzierungsfaktor des deutschen Mittelständlers.

5.1.2 Erfolgskonzept: Spezifische Know-how-Vorsprünge und Innovationen zum Vorteil des Kunden generieren

Typische Aussagen der befragten Unternehmen zu diesem Erfolgskonzept:

„Wir haben uns als *erfahrener Spezialist* und *Technologieführer* auf unserem Gebiet einen Namen gemacht."

„*Wir setzen weltweit die technologischen Standards* in unserem Fachzweig."

„Rund *80 Jahre Erfahrung* in der Entwicklung, Herstellung und im Vertrieb unserer Produkte stellen unseren *Wissensvorsprung* dar."

„Seit Bestehen unserer Firma wurden ständig *Pionierleistungen* erbracht, was uns vor aufkommenden Wettbewerbern schützt."

„Wir entwickeln unsere Leistungen *schneller* weiter, als die Konkurrenten sie imitieren können."

„Der *Know-how-Vorsprung in der Problemlösung* schafft den Mehrwert für unseren Kunden."

„Der *Kunde führt uns zu den Innovationen*. Er sagt uns, was er haben will und gibt somit die Impulse für die jeweilige Lösungskonzipierung."

Erfolgreiche Mittelständler setzen im internationalen Wettbewerb auf intelligente, kreative und hochwertige Lösungsentwicklungen, die sich eng an die Kundenprobleme anlehnen. Diese Lösungen gehen meist aus einer jahrzehntelang erworbenen Fachkompetenz hervor, die einen Wettbewerbsvorteil in Form eines schwer imitierbaren spezifischen Wissens des Unternehmens darstellt. Ein stetig fortschreitender Wissens- und Erfahrungsvorsprung im Spezialgebiet ist hierbei ein zentraler Wettbewerbsvorteil mittelständischer Unternehmen im internationalen Wettbewerb. Die Konzeptlösungen werden ebenso wie die Herstellungsverfahren permanent weiterentwickelt, verfeinert, perfektioniert und verbessert. Hierdurch entstehen Pionierstellungen und Markterfahrungsvorsprünge, die eine notwendige Bedingung für die Kundenbindung und Auftragsgewinnung im internationalen Rahmen sind. Abbildung 8 gibt einen Überblick über die zentralen Bestandteile dieses Konzepts.

Abbildung 8: Zentrale Bausteine der Generierung marktfähiger innovativer Problemlösungen

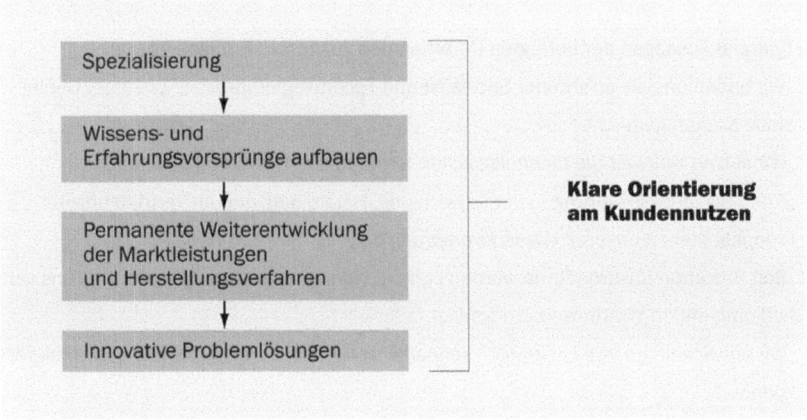

Die marktseitige Spezialisierung erfordert den Aufbau eines spezifischen Know-hows im Unternehmen. Insbesondere der Aufbau eines ausgeprägten Kunden-, Markt- und Fachwissens im Spezialgebiet ist nötig, um die Wettbewerbsfähigkeit zu sichern. Dieses Wissen ist tendenziell erfahrungsbasiert und durch eine jahrzehntelange Auseinandersetzung mit den Problemen der nationalen und internationalen Kunden sowie dem jeweils aktuellsten Stand des Fachgebietes erwachsen. Die besondere Fähigkeit liegt darin „die Problemstellungen der Kunden gezielt zu erfassen und passgenau zu lösen". Typische Vorgehensweisen sind dabei intensive Kundengespräche, ein wechselseitiger Ideenaustausch, gemeinsam erarbeitete Lösungen, individuelle Bedarfsanalysen und hausinterne Problemsimulationen. Für das aktuelle Grundlagenwissen im Fachgebiet werden in der Regel enge Kontakte zu Forschungseinrichtungen wie Universitäten, Fachhochschulen und spezialisierten Instituten unterhalten. Das erworbene Wissen wird archiviert und permanent in Leistungsverbesserungen für die Kunden umgesetzt. Oft entstehen aus dieser Haltung heraus Innovationen, die neue Standards auf dem speziellen Marktgebiet der Mittelständler sind und zum Teil auch Weltneuheiten darstellen.

Praxisbeispiele

Fall 6: „Know-how-Schmiede"

Ein mittelständischer Anlagenhersteller hat sich auf die Entwicklung, Fertigung und den Vertrieb von speziellen Anlagen für die Konsumgüterindustrie konzentriert. Auf allen Kontinenten der Welt sind Anlagen dieses Unternehmens im Einsatz. Die Aussage des Geschäftsführers: „Wir definieren uns als Know-how-Schmiede und als Servicefirma", beschreibt das Selbstverständnis des Unternehmens. Verfahrenstechnisches Know-how werde in Anlagen umgesetzt. Dabei orientiere man sich an anspruchsvollen Kunden sowie an komplexen Herausforderungen. Es gebe nur sehr wenige Wettbewerber, die mit dem Leistungsniveau des deutschen Mittelständlers konkurrieren könnten. Zur Aufrechterhaltung einer ständigen Innovationsdynamik und Pionierrolle sind insbesondere ein hohes Maß an Kundennähe, Kreativität und Flexibilität ausschlaggebend. „Wir sind so kreativ und flexibel, dass wir in unserem anspruchsvollen Marktsegment einen Vorsprung erarbeiten" bringt der Geschäftsführer die Innovationskraft auf den Punkt. Es bestehe ein technologischer Vorsprung von ca. zwei Jahren im Wettbewerb. Durch direkte Gespräche mit den Kunden werden dessen konkrete Bedürfnisse identifiziert und passgenaue Lösungen vorgeschlagen. Zusätzlich werde ein Aufwand für Forschung und Entwicklung von ca. 5-10 Prozent des Umsatzes getätigt und ein enger Kontakt mit einer Fachhochschule zwecks wechselseitigen Know-how-Transfers gepflegt. Um die hohe Leistungsfähigkeit und Kundenfreundlichkeit auszubauen, habe die permanente Stärkung der Kernkompetenzen höchste Priorität. Daher wurden am Inlandsstandort hohe Investitionen in Entwicklungs- und Testkapazitäten sowie kundenfreundliche Ausstellungsräume getätigt.

Fall 7: Aufbau von Spezialwissen

Ein mittelständischer Anbieter spezieller Produkte für den gesunden Schlaf hat sich ambitionierte Ziele gesetzt. „Wir verfolgen eine aktive Strategie der Eroberung ausgewählter Ländermärkte mit unseren Premiumprodukten", so einer der Geschäftsführer. Um eine führende Kompetenz und einen Wissensvorsprung im Spezialgebiet zu erlangen, wurde eine breite Forschungsoffensive gestartet. „Zur Umsetzung unserer Strategie ist ein tiefgreifendes Markt- und Kundenverständnis nötig", heißt es hierzu. Bereits 1967 wurde ein unternehmenseigenes Archiv gegründet, das sämtliche Daten, Fakten, Studien und Erkenntnisse im Fachgebiet zusammenträgt, archiviert und auswertet. Es ist bis heute das größte Archiv in Europa im speziellen Themenfeld. Persönliche Kunden- und Expertengespräche ergänzen den Lernprozess. „Wir wollen Marktführer im Qualitätssegment werden und hierfür braucht man einen technologischen Vorsprung", erläutert der Geschäftsführer. Der Kompetenzaufbau müsse permanent weitergeführt werden, um Wettbewerbsvorteile nachhaltig zu verteidigen und auszubauen. Die hohe Innovationsfähigkeit im Laufe der Unternehmensgeschichte zeigt sich beispielsweise durch die Erfindung des ersten Holzlattenrostes der Welt in den fünfziger Jahren und dem Einsatz modernster High-Tech-Materialien in den neunziger Jahren des vergangenen Jahrhunderts.

5.1.3 Erfolgskonzept: Kompetenzbündelung im Stammhaus in Kombination mit einem Technologietransfer an die dezentralen Auslandsstützpunkte

Typische Aussagen der befragten Unternehmen zu diesem Erfolgskonzept:

„Im Stammhaus konzentrieren wir uns auf die **Know-how-Entwicklung** und die **Unternehmensführung**."

„Im Inland haben wir die **Geschäftsführung**, das **Controlling**, die **Konstruktion**, spezielle **Fertigungsschritte**, die **Qualitätskontrolle** und die **Vertriebssteuerung** angesiedelt."

„Die **Kernkompetenzen** im technologischen Bereich sollen am **Heimatstandort konzentriert** sein."

„Wir sind als Gruppe erfolgreich, weil wir unser **Wissen** und unsere **Standards** auf die Auslandseinheiten **übertragen**."

„Wir glauben an die unternehmerische Kraft, die durch **dezentrale Strukturen** entsteht, welche vor Ort mit größtmöglichen Entscheidungsspielräumen ausgestattet werden."

Die Aufteilung der Aufgabenschwerpunkte zwischen Stammhaus und Auslandsstützpunkten eines Mittelständlers mit ausgeprägten internationalen Strukturen sieht typischerweise folgendermaßen aus: Im deutschen Stammhaus werden hauptsächlich Aufgaben konzentriert, die die Unternehmensführung und -steuerung betreffen, sowie Funktionen, die zum speziellen Know-how des Unternehmens gehören. Es werden die Geschäftspolitik und die grundlegende Ausrichtung des Unternehmens festgelegt und somit die Rahmenbedingungen für alle beteiligten Akteure gesetzt. Im Bereich der Steuerung von Auslandsstützpunkten verweisen viele Mittelständler auf ein geregeltes Berichtswesen, dessen Inhalte zur Erfolgskontrolle der Auslandseinheiten dienen und die die Basis für Koordinierungsgespräche darstellen. Weiterhin werden know-how-intensive und -sensible Funktionen im Stammhaus gebündelt. Dies sind im Wesentlichen speziell definierte Kernaktivitäten, wie die Entwicklung und

Weiterentwicklung der Produkt- und Prozesslösungen (Lösungskonzepte, Konstruktionszeichnungen, Rezepturen ...), der Vermarktungs- und Beschaffungskonzepte sowie der Qualifizierungskonzepte der inländischen und ausländischen Mitarbeiter bzw. Geschäftspartner. Der Inlandsstandort ist die Basis für die weltweiten Aktivitäten und dies wird von vielen der befragten Unternehmern als unverzichtbar für den langfristigen Erfolg im In- und Ausland gesehen. Den komplexen Herausforderungen im internationalen Wettbewerb begegnen die Mittelständler mit einem Höchstmaß an Flexibilität und Anpassungsfähigkeit. Daher erfolgt eine flexibilitäts-, qualitäts- und produktivitätsfördernde Ausgestaltung der Unternehmensprozesse und -strukturen. Die Prozesse im Unternehmen unterliegen in der Regel einer strikten Qualitätspolitik, die in zahlreichen Qualitätszertifikaten ihren Ausdruck findet. In formalen Qualitätszirkeln bzw. informellen Gesprächsrunden werden die bereichsübergreifende Zusammenarbeit gefördert und permanente Verbesserungen der Leistungen im Sinne der Kunden hervorgebracht.

Die lokalen Auslandsstützpunkte mit Bezugs- oder Absatzfunktionen übernehmen länderspezifische Aktivitäten, wie rohstoff- und/oder kundennahe Wertschöpfungsprozesse vor Ort. Dies sind im Wesentlichen operative Vertriebsaufgaben, Serviceleistungen, lokale Fertigungsabläufe, Einkaufstätigkeiten, Personalfragen und weitere Themen des operativen Tagesgeschäfts. Das bevorzugte Führungsprinzip der möglichst großzügigen Einräumung dezentraler/lokaler Freiheiten in Verbindung mit einer engen Abstimmung in den grundsätzlichen Zielen und Strategien (Umsatzziele, Marktanteile, Marktpositionierung etc.) bezweckt ein marktnahes und kundenorientiertes Handeln der Akteure vor Ort. Eingriffe des Stammhauses in Detailfragen werden eher vermieden. Die Auslandsstützpunkte werden systematisch durch den Transfer von Know-how zu leistungsfähigen Auslandseinheiten entwickelt. Abbildung 9 veranschaulicht das typische Konzept der Arbeitsteilung in international agierenden mittelständischen Unternehmensgruppen.

Abbildung 9: Typische inner- und zwischenbetriebliche Arbeitsteilung in gewachsenen internationalen Unternehmensgruppen

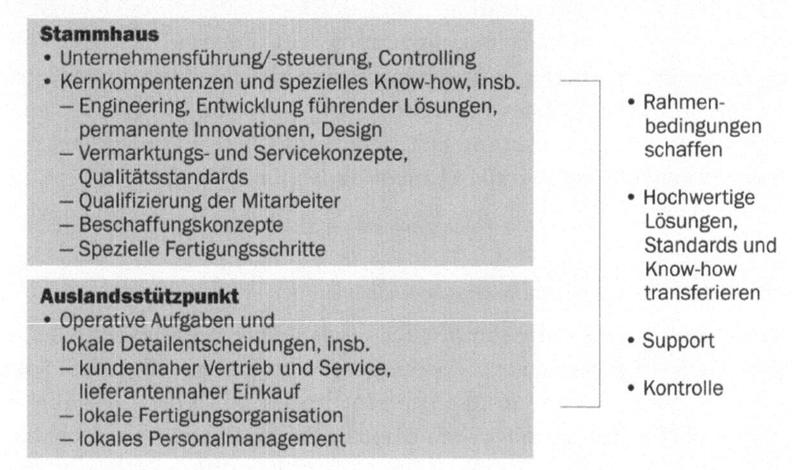

Stammhaus
- Unternehmensführung/-steuerung, Controlling
- Kernkompetenzen und spezielles Know-how, insb.
  - Engineering, Entwicklung führender Lösungen, permanente Innovationen, Design
  - Vermarktungs- und Servicekonzepte, Qualitätsstandards
  - Qualifizierung der Mitarbeiter
  - Beschaffungskonzepte
  - Spezielle Fertigungsschritte

Auslandsstützpunkt
- Operative Aufgaben und lokale Detailentscheidungen, insb.
  - kundennaher Vertrieb und Service, lieferantennaher Einkauf
  - lokale Fertigungsorganisation
  - lokales Personalmanagement

- Rahmenbedingungen schaffen
- Hochwertige Lösungen, Standards und Know-how transferieren
- Support
- Kontrolle

Praxisbeispiele

Fall 8: Führung von Auslandsstützpunkten

Ein mittelständisches Unternehmen mit Spezialisierung in der Gummi- und Kunststoffbranche weist ausgeprägte internationale Strukturen auf. Der Mittelständler hat drei Tochterunternehmen sowie zahlreiche Auslandsvertretungen in Europa. Die Konfiguration und Koordination der Aktivitäten in und zwischen dem Stammhaus und den Auslandsstützpunkten beruht im Wesentlichen auf einer besonderen Führungsphilosophie. „Wir haben zu unseren Töchtern und Vertretungen systematisch gestaltete Partnerschaften aufgebaut", betont der Geschäftsführer. Den Auslandsakteuren werden dabei große Freiräume in der lokalen Geschäftsführung eingeräumt. So werde das unternehmerische Denken der Partner gefördert. Gleichzeitig bestehe eine enge Abstimmung in den Zielen und grundsätzlichen Vorgehensweisen, ergänzt durch eine laufende Erfolgskontrolle. „Die

Klammer, die uns als Unternehmensgruppe erfolgreich macht, sind die hohen Qualitätsstandards, der Transfer von Know-how an die Partner und eine enge Kommunikation", sagt der Geschäftsführer. Konkrete Ansätze sind die Qualitätszertifizierung der Auslandsbetriebe, die Schulung der Mitarbeiter, der technische Support und ein regelmäßiges Zusammentreffen. „Dies schaffe die notwendige Kompetenz, Motivation und Identifikation aller Beteiligten, die für Auslandsmarkterfolge notwendig sei", so die Firmenphilosophie.

Fall 9: Zentrale Steuerung und dezentrale Freiheiten

Ein weltweit tätiges mittelständisches Logistikunternehmen führt seine zahlreichen internationalen Tochtergesellschaften grundsätzlich dezentral. „Wir glauben an die unternehmerische Kraft, die durch größtmögliche Autonomie vor Ort entsteht", so einer der Geschäftsführer des Unternehmens. So könne man den Besonderheiten der einzelnen Märkte am Besten gerecht werden. Typische lokale Funktionen seien die konkrete Marktbearbeitung, die Gestaltung der Kundenbeziehungen oder das lokale Personalmanagement. Die Aufgaben, die das Unternehmen als Gruppe betreffen, werden im Stammhaus geregelt. Hierzu zählen Themen wie strategische Geschäftsausrichtung, Controlling und Finanzierung. Die Integration der Akteure erfolgt weiterhin durch eine gemeinsame international ausgerichtete Unternehmenskultur. Zentrale Instrumente sind dabei niedergeschriebene Leitsätze und Werte, die kulturübergreifend formuliert sind und grundsätzliche Regeln des menschlichen Zusammenarbeitens enthalten. „Ziel ist es, durch eine starke Unternehmenskultur eine intrinsische Motivation bei den Mitarbeitern zu erzeugen, die Anreize zu starken Leistungen setzt", so der Geschäftsführer. Auch regelmäßige Treffen, z. B. in Form von weltweiten Tagungen oder themenbasierten Workshops, führen zu dem Bewusstsein einer „Global Family" der Unternehmensgruppe.

5.1.4 Erfolgskonzept: Leistungsorientierte Unternehmenskultur und qualifizierte Mitarbeiter hervorbringen

Typische Aussagen der befragten Unternehmen zu diesem Erfolgskonzept:

„Wir haben in unserem Familienunternehmen eine *persönliche Atmosphäre*, die auf dem *Teamgedanken* aufsetzt und *ergebnisbezogenes Arbeiten* fördert."

„Wir *binden und motivieren unsere Mitarbeiter* durch verantwortliche anspruchsvolle Tätigkeiten, Kontinuität, Partizipation an Entscheidungen und Beteiligung am Erfolg."

„Die *Firmenloyalität, das Wissen und die Flexibilität* unserer Mitarbeiter sind unsere Stärken."

„Unser *Leistungsniveau* ist so *hoch*, dass wir neu eingestellte Ingenieure nachqualifizieren müssen."

„Unser Erfolg basiert wesentlich auf *exzellenten Ingenieurleistungen*."

„Wir haben einen Fachkräftemangel vermieden, weil wir hohen Wert auf *eigene Aus- und Weiterbildungsmaßnahmen* und *Mitarbeiterbindung* legen."

„Für unsere Fachkräfte mit direktem Auslandsbezug ist es am Wichtigsten, dass sie sich *international bewegen können und wollen*."

Für die international wettbewerbsfähigen Mittelständler sind motivierte und qualifizierte Mitarbeiter ein zentraler Wettbewerbsfaktor. Als wichtige Motivationsfaktoren der Mitarbeiter werden die besondere Unternehmenskultur der Unternehmen und die Bedeutung der Vorbildfunktion des Unternehmers hervorgehoben. Es wird in der Regel eine Kultur gepflegt, die Qualität, Leistung, Zuverlässigkeit, Kundenorientierung, Innovation, Flexibilität, Lernprozesse und Internationalität in den Mittelpunkt stellt. Die Belegschaft wird meist als Team oder als Familie gesehen. Gefordert wird, dass alle Mitarbeiter ein hohes Maß an Engagement, Einsatzfreude, Motivation, Ehrgeiz, Identifikation, Leidenschaft, Begeisterung und Verantwortung zeigen. Nur so können das hohe Qualitätsniveau der Unternehmensleistung, die Wissensvorsprünge und die Pionierleistungen erarbeitet werden. Förderlich für die Motivation der Mitarbeiter sind weiterhin die persönlichen, überschaubaren und unbürokratischen Betriebsabläufe, ergebnisorientiertes verantwortungsvolles Arbeiten, leistungsorientierte Vergütungsmodelle, Personalentwicklungsprogramme und Zielvereinbarungen.

Folgende Aspekte der Unternehmenskultur wurden von den Mittelständlern als besonders fördernd für die internationale Wettbewerbsfähigkeit betont:

- Leistungs- und Anspruchskultur
  - hoher persönlicher Einsatz aller Beteiligten, Leistungswille, Fleiß, Hartnäckigkeit
  - hohe Qualitätsansprüche, Professionalität, Zielstrebigkeit
- Innovations- und Entwicklungskultur
  - permanente Verbesserungen, Ideen, Kreativität
  - Erfahrungen nutzen, Lernen als Wert
  - Mut zur Veränderung, Zuversicht, Selbstvertrauen, Offenheit
- Verantwortungs- und Partnerschaftskultur
  - Kontinuität, Langfristorientierung, Glaubwürdigkeit, Verlässlichkeit
  - Konstruktive Zusammenarbeit aller Mitarbeiter und Geschäftspartner
  - Respekt, Vertrauen, Kommunikation
  - Eigenverantwortung der Mitarbeiter fordern und fördern
  - Ausbildung zur Mündigkeit, Eigeninitiative
- Internationale Kultur
  - Akzeptanz und Integration von Ausländern bzw. Immigranten und Förderung von Fremdsprachen
  - Weltoffenheit, Gastfreundschaft, Mobilitätsbereitschaft

Die Beschäftigung von qualifizierten erfahrenen Fachkräften stellt für die international etablierten Mittelständler einen kritischen Faktor dar für die Gewährleistung ihres qualitativ hochwertigen und marktführenden Leistungsangebots. Die Mitarbeiter sind Träger der Fachkompetenz und des Erfahrungswissens und werden permanent aus- und weitergebildet, um das spezifische Wissen zu aktualisieren und fortzuentwickeln. Ein großer Vorteil aus Sicht der mittelständischen Unternehmen ist die tendenziell hohe Loyalität der Fachkräfte. Diese binde Erfahrung und Professionalität und biete den Kunden dauerhafte kompetente Ansprechpartner. Neue Fachkräfte für Entwicklung, Fertigung und Vertrieb zu bekommen ist für viele Mittelständler eines der größten Hemmnisse für die Sicherung ihrer zukünftigen internationalen Wettbewerbsfähigkeit. Die Mitarbeiter werden streng selektiv ausgewählt und müssen hinsichtlich der fachlichen Leistungsfähigkeit und -bereitschaft sowie ihrer persönlichen Arbeits- und Lebenseinstellungen „ins Team passen".

Für die Mitarbeiter mit direktem Bezug zum Auslandsgeschäft werden Fremdsprachenkenntnisse als besonders bedeutend eingestuft. Hierbei dominieren die Erwartungen an die Englischkenntnisse der Mitarbeiter. In der Regel organisieren die Mittelständler Sprachkurse für ihre Mitarbeiter, die oft im eigenen Haus, z. B. durch Sprachschulen oder Englischdozenten, durchgeführt werden. Neben den Sprachkenntnissen werden insbesondere Reisefreudigkeit, Flexibilität, Offenheit und Lernbereitschaft von Mitarbeitern im Auslandsgeschäft gefordert. Auch der Respekt vor und die Sensibilität für interkulturell verschiedene Denkweisen und Eigenheiten sind entscheidende Kompetenzen. Weiterhin werden häufig länderspezifisch gezielt Immigranten eingestellt und in die Aktivitäten der jeweiligen Auslandsmarktbearbeitung eingebunden.

Praxisbeispiele

Fall 10: Teamkultur und leistungsstarke Mitarbeiter

Ein mittelständischer Spezialist für elektro- und leittechnische Lösungen bedient die internationale Wirtschaft auf allen Kontinenten und Weltmeeren. „Wir unterscheiden uns durch Schnelligkeit, Flexibilität, Fachkompetenz und Kontinuität von unseren großen Wettbewerbern", so der Geschäftsführer. Die Unternehmensstärken basieren auf Loyalität, Flexibilität und Wissen der Mitarbeiter. „Man muss eine Mannschaft haben, die es beherrscht, die komplexen Kundenprobleme zu lösen", führt er weiter aus. Die Mitarbeiter hätten zusätzlich zu ihrer Fachkompetenz ein hohes Maß an Querschnittskompetenzen. Hierzu zählt er Wissen über technologische Verfahren, ganzheitliches Denken und das Verstehen von fach- und organisationsübergreifenden Zusammenhängen. Die Kunden wüssten es sehr zu schätzen, dass sie bei dem Mittelständler dauerhafte und professionelle Ansprechpartner hätten. Flexibilität bestehe sowohl hinsichtlich der Sonderwünsche der Kunden als auch bei der pünktlichen Erfüllung von Auftragszusagen. „Da werden auch mal über viele Monate Überstunden gemacht", beschreibt er die Disziplin und Leistungsbereitschaft der Mitarbeiter. Die Schnelligkeit, die hieraus in der Auftragsabwicklung und am Markt entsteht, stellt einen großen Wettbewerbsvorteil des Mittelständlers dar. „Wenn unser großer Konkurrent anfängt zu denken, dann haben wir unsere Lösung schon gefertigt und in Betrieb genommen", so der Unternehmer. Von den 260 Mitarbeitern sind 80 Ingenieure und Techniker. „Wir bringen durch unsere hauseigene Ausbildung hervorragende Facharbeiter hervor", erläutert der Mittelständler. Trotzdem sei der allgemeine Fachkräftemangel ein Problem für die Sicherung der zukünftigen Wettbewerbsfähigkeit.

Fall 11: Persönliche Kundengewinnung durch qualifizierte Mitarbeiter

Ein mittelständisches Dienstleistungsunternehmen agiert global mit einem speziellen Service für die Rohstoffindustrie. Die persönliche Vorstellung der Leistungen des Unternehmens bei den weltweit angesiedelten Kunden und Partnern sei unverzichtbar für die Auslandsmarkterschließung. „Persönliches Auftreten und Verkaufsqualitäten sind dabei die entscheidenden Faktoren", so der Unternehmer. Die interkulturelle Komponente stelle eine große Herausforderung im Auslandsgeschäft dar. Hierbei habe er die Erfahrung gemacht, dass die Eigenarten der Kulturen akzeptiert werden sollten, auch wenn es oft schwer fällt, diese zu verstehen. „Es muss Vertrauen erarbeitet werden", bringt er den Schlüssel für eine erfolgreiche Kundengewinnung auf den Punkt. Geschäftsbeziehungen gründen auf gemeinsamen Interessen und persönlichen Elementen. Hieraus ergäben sich auch spezielle Anforderungen an die Vertriebsmitarbeiter: Technisches Know-how, Vertriebsfertigkeiten, Fremdsprachenkenntnisse und interkulturelle Kompetenz. Das seien Qualifikationsmerkmale eines idealen Vertriebsmitarbeiters. Eine gute Entlohnung, fachliche Weiterbildung sowie Englisch- und Verkaufsschulungen der Vertriebsmitarbeiter sollen die Auslandsgeschäftserfolge des Unternehmens auch zukünftig sichern.

5.2 Handlungsfeld: Absatzseitige Auslandsmarktaktivitäten

5.2.1 Erfolgskonzept: Persönliche Markterkundung und Kontaktsuche vor Ort mit flexibler Anpassung an die lokalen Bedingungen

Typische Aussagen der befragten Unternehmen zu diesem Erfolgskonzept:

„Wir reisen in die Länder und *begreifen Chancen vor Ort.*"

„Die *Eigenheiten* des Auslandsmarktes gilt es zu *akzeptieren* und eine *Einstellung auf die Gegebenheiten vor Ort* ist erforderlich."

„Ich bin *200 Tage im Jahr weltweit unterwegs*: Kundenbesuche, Geschäftstreffen, Vorträge, Messeteilnahmen etc..."

„Ich reise *persönlich* zu unseren Kunden, führe Gespräche vor Ort und erkundige mich nach den Erfahrungen mit unseren Produkten und speziellen Wünschen."

„Erfolgreiche Auslandsgeschäfte haben viel mit den beteiligten *Menschen* zu tun. Viele *gute Kontakte* und deren Pflege sind dabei wichtig."

„Die *Einbeziehung der Menschen vor Ort* und mit diesen das Geschäft langsam aufzubauen, das ist unser Erfolgskonzept der Markterschließung im Ausland."

Die international erfolgreichen Mittelständler verfolgen das Konzept, sich konsequent an den Erfordernissen des jeweiligen Marktes und den speziellen Wünschen der Kunden anzupassen. Dem Markteintritt geht daher eine sorgfältig gestaltete Vorbereitungsphase voraus. Hierbei werden durch eigenständige Vorgehensweisen über Sekundär- und insbesondere Primärinformationen Marktpotentiale im Zielmarkt identifiziert. Eine allgemeine Beurteilung der Rahmenbedingungen und eine erste Einschätzung des Marktpotentials von Auslandsmärkten erfolgt hauptsächlich durch eine aufmerksame Analyse der Massenmedien, eine gezielte Recherche in Fachzeitschriften und im Internet sowie durch die Nutzung von Basisinformationsdiensten und Länderveranstaltungen der Industrie- und Handelskammern.

Die konkrete Einschätzung von Marktchancen wird typischerweise durch eine persönliche Erkundung im Zielland, z. B. in Form des Besuchs von Fachmessen, von Reisetätigkeiten, Unternehmensbesuchen und Gesprächen in Fachkreisen vor Ort vorgenommen. Die Resonanzen, welche die Unternehmer und Führungskräfte dort insbesondere in Gesprächen erfahren, geben Anlässe zu weitergehenden Schritten. Die persönliche Begegnung und Kontaktaufnahme mit potentiellen Kunden oder Vertriebspartnern ist dabei aus Sicht vieler Unternehmer ein wesentlicher Faktor im Auslandsgeschäft. Neben der ausgiebigen Auseinandersetzung der Unternehmer und Vertriebsmitarbeiter mit den kulturellen Eigenheiten und der Geschichte der Menschen im Zielland werden in der Regel mentalitäts- und sprachvertraute Personen bei Auslandsreisen und Messebesuchen einbezogen, um eine angenehme und möglichst reibungslose Verständigung zu ermöglichen. Vor Ort wird beurteilt, welche Chancen es gibt und „was unter den gegebenen Umständen möglich ist". Die Unternehmer weisen darauf hin, dass ein gewisser „Pioniergeist" und eine ausgeprägte „Beharrlichkeit" nötig seien, um die Expansion in Auslandsmärkte voranzutreiben. Viele Mittelständler setzen darauf, sich Schlüsselpersonen aufzubauen, die über das notwendige lokale Wissen verfügen und mit den lokalen Gegebenheiten vertraut sind. Abbildung 10 zeigt diese typischen Aspekte der internationalen Geschäftsanbahnung mittelständischer Unternehmen in einer Übersicht auf.

Abbildung 10: Typische Elemente der Geschäftsanbahnung im Ausland

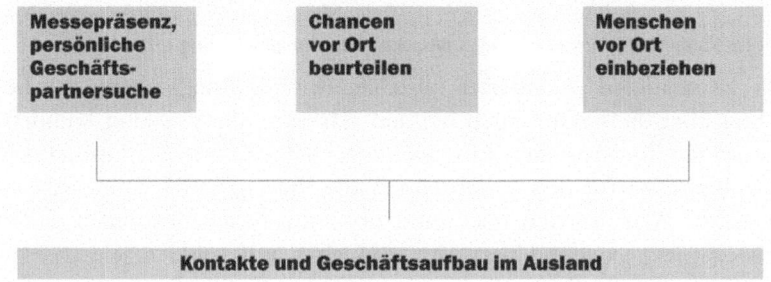

Bei der Auswahl von Geschäftspartnern nimmt neben den herkömmlichen unternehmensbezogenen Kriterien insbesondere der persönliche Eindruck der hierfür in Frage kommenden Menschen einen hohen Stellenwert ein. „Ein vertrauenserweckender Eindruck, die Leistungsmotivation und erkennbare menschliche Qualitäten sind die letztendlich ausschlaggebenden Kriterien hierfür", bringt es ein Unternehmer auf den Punkt. Diese persönliche Eignungsprüfung erfolgt über Gespräche und ein sorgfältiges Kennenlernen. Nach Aufnahme derartiger Beziehungen ist eine verlässliche Zusammenarbeit zu etablieren, um einen gemeinsamen langfristigen Erfolg zu ermöglichen. Diese persönliche Vorgehensweise vermindert das Risiko an unzuverlässige bzw. ungeeignete Partner zu geraten, welches aber nie völlig ausgeschlossen werden kann.

Praxisbeispiele

Fall 12: Messepräsenz vor Ort und persönliche Auftragsgewinnung

Ein international orientierter mittelständischer Anlagenhersteller berichtet über die Erfahrungen bei der Markterschließung und Kundengewinnung im Ausland. Ein wichtiger Schritt, um Marktpotentiale auszuloten, sei für den Unternehmer die Präsenz auf Fachmessen im Zielland. „Wir müssen als Anbieter eines Nischenprodukts direkt präsent sein", so der Unternehmer. Daher gehe man regelmäßig als Aussteller auf die Messen. Nicht jede Messeteilnahme bringe einen sofortigen messbaren Erfolg, gibt er allerdings zu bedenken. Dies sei zu berücksichtigen, wenn hohe Summen für diese Form der Vertriebsaktivität im Ausland aufgebracht werden. Aber wenn die entstehenden Kontakte später zu einigen erfolgreichen Geschäftsabschlüssen führen, relativiere dies die hohen Aufwendungen. „In unserem speziellen Geschäft ist das wie eine Investition zu sehen, die sich irgendwann auszahlt", erläutert er. Die konkrete Auftragsabwicklung wird dann direkt vor Ort vorgenommen. „Das ist vergleichbar mit der Probefahrt beim Autokauf", so der Unternehmer. Es werden Verkaufsgespräche geführt, Testläufe organisiert und Besuche bei Referenzkunden vorgenommen. Hierfür fliegt er potentielle Kunden gelegentlich auch mit dem eigenen Flugzeug zu den Anschauungsobjekten. Diese persönliche Betreuung sei für den Unternehmer besonders wichtig. „Erfolgreiche Geschäfte basieren bei uns auf einem freundschaftlichen Umgang mit den Kunden", betont er diesen Aspekt.

Fall 13: Identifizierung des Marktpotentials und Vertriebspartnersuche

Ein mittelständisches Unternehmen mit 130 Mitarbeitern ist führender Anbieter in Europa für spezielle Produkte im professionellen Erwerbsgartenbau. Der Exportanteil von 50 Prozent wird überwiegend in Westeuropa erzielt. Aber auch Osteuropa, Nah- und Fernost sowie einige Überseegebiete werden beliefert. Für die Vorbereitung von Auslandsmarkteintritten wird das Informationsnetzwerk genutzt, das man sich zum Thema Auslandsgeschäft aufgebaut habe. Hierzu gehören insbesondere Ansprechpartner in den Industrie- und Handelskammern, Banken, Fachverbänden, Auslandshandelskammern und informelle Branchenkontakte. „Ein weiteres bedeutendes Instrument der Markterkundung und -erschließung ist die Messeteilnahme vor Ort", so ein Vertriebsverantwortlicher des Unternehmens. Auf der Messe werden Kontakte zu potentiellen Handelspartnern gesammelt und zahlreiche Gespräche geführt. In der sorgfältigen Nachbereitung der Messe werden dann interessante Kontakte vertieft. Hierfür werde eine genaue Prüfung der lokalen Händler vorgenommen. Die wichtigsten Leitfragen hierbei sind:

- Hat der Händler ein passendes Sortiment und ausreichende Fachkompetenz?
- Fokussiert er die richtige Zielgruppe und besitzt er breite Kundenkontakte?
- Hat er aussagekräftige Referenzen und ein gutes Image?
- Hat er qualifizierte Kräfte beschäftigt?
- Hat er einen Außendienst?
- Kann er den Service für die Kunden sicherstellen?
- Hat er ausreichende Lagerkapazitäten und einen hinreichenden Fuhrpark?

„Nachdem ein geeigneter Vertriebspartner sondiert wurde, erfolgt die Einschätzung des konkreten Marktpotentials im Zielmarkt", so der Vertriebsmitarbeiter. Hierfür würde der Handelspartner zunächst Termine mit potentiellen Kunden vereinbaren. Eine Delegation aus Vertriebsfachleuten des deutschen Mittelständlers verschafft sich dann einen persönlichen Eindruck vor Ort und führt Kundengespräche durch. Rechercheinhalte sind dabei die speziellen Kundenwünsche, die Eigenschaften der Wettbewerbsprodukte, die Preisstrukturen im Markt, die speziellen Anbauweisen und die Klimabedingungen. Bei positiver Einschätzung des Marktpotentials werde eine dauerhafte Geschäftsbeziehung mit den lokalen Vertriebspartnern etabliert.

5.2.2 Erfolgskonzept: Internationale Kundennähe durch Präsenz vor Ort realisieren

Typische Aussagen der befragten Unternehmen zu diesem Erfolgskonzept:

„Hochwertige Leistungen für anspruchsvolle Kunden erfordern einen **direkten Zugriff auf die Märkte.**"

„Internationale Kundennähe erreichen wir durch ein weltweites Vertriebsnetz über **ausländische Partner vor Ort.**"

„Wir sind in zahlreichen Ländern **durch langjährige Partnerschaften** mit namhaften Firmen **vertreten.**"

„Der Vertriebsweg soll über **Händler vor Ort** erfolgen, die sich mit den landesspezifischen Eigenheiten und Anforderungen des entsprechenden Ziellandes auskennen."

„In **strategisch bedeutenden Ländern** wollen wir mit **eigenen Vertriebs- und Servicetöchtern** präsent sein."

„Wir wollen **nah an unseren Kunden sein** und als lokales Unternehmen wirken."

Die absatzseitig international etablierten Mittelständler verfolgen die Strategie einer starken Kundennähe konsequent auch auf internationaler Ebene. Die allgemein steigenden Ansprüche von Kunden führen zu der Notwendigkeit einer Verstärkung der Präsenz in den Zielmärkten. Vertrieb und Service der in der Regel anspruchsvollen und erklärungsbedürftigen Produktlösungen werden in den bedeutendsten Absatzmärkten daher bevorzugt vor Ort organisiert. Es gilt tendenziell: „Je höher der Beratungsbedarf im Verkaufsprozess, je spezieller die Zielgruppe und je häufiger die Transaktionshäufigkeit, desto stärker werden direkte fach- und zielgruppenspezifische Vertriebsaktivitäten vor Ort vorgenommen."

Abbildung 11: Ansätze zur Verwirklichung internationaler Kundennähe

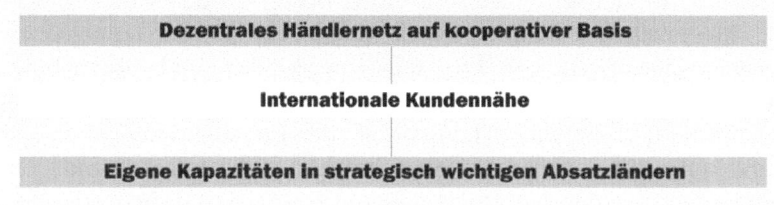

Das Prinzip der engen Kundennähe bezweckt den direkten persönlichen Zugriff auf spezielle Kunden. Der Kunde soll möglichst individuell angesprochen werden und es soll ihm eine kompetente persönliche Betreuung vor Ort geboten werden. Als typische Vorgehensweise sind Kooperationsbeziehungen mit lokal etablierten Fachhändlern (z. B. Großhändlern, Vertragshändlern, Agenturen, Importeuren) und/oder mit eigenständigen lokalen Unternehmen mit passendem Fachprofil zu beobachten. Die Ausgestaltung variiert je nach unternehmens-, landes- und situationsspezifischen Gegebenheiten. Das heißt, „es gibt keinen Königsweg" in der Wahl der konkreten Vertriebsform. Entscheidend ist eher die sorgfältige Auswahl und Prüfung potentieller Vertriebspartner bezüglich deren Eignung für eine dauerhafte Geschäftsbeziehung mit dem deutschen Mittelständler und deren erfolgreicher Ausgestaltung als Vertriebspartnerschaft. Die Vertriebspartner dienen meist als lokal ansässige Vertretungen im Zielland mit Vertriebs-, Distributions- und Serviceverantwortung für den jeweiligen Markt. Es werden in der Regel befristete Verträge geschlossen, in denen die Rechte und Pflichten der Zusammenarbeit geregelt werden.

Neben den ausländischen Partnern sind eigene Büros, Niederlassungen und Tochterfirmen mit Vertriebs- und Servicefunktionen (sowie in Einzelfällen mit Produktionskapazitäten für den regionalen Markt) die wichtigsten Formen der Präsenz im Zielmarkt bzw. in Zielregionen. Eigene Kapazitäten erfolgen häufig in bedeutenden Absatzmärkten, die für das spezielle Unternehmen hohe und stabile Umsätze einbringen bzw. versprechen und daher strategisch wichtig sind. Für die Geschäftsleitung in eigenen ausländischen Vertriebs- und Servicekapazitäten werden bevorzugt Führungskräfte aus den jeweiligen Ländern eingesetzt. Idealerweise haben sie einen Bezug zur deutschen Sprache und Mentalität. Sie werden bereits meist in die Etablierungsphase eigener Kapazitäten vor Ort mit eingebunden und übernehmen Tätigkeiten wie Behördengänge oder Mitarbeiterrekrutierungen. Der sprachliche und mentale „Heimvorteil" der Einheimischen ist für die Etablierung einer Vertriebseinheit im Ausland entscheidend. Die Vertrautheit mit den lokalen Bedingungen ist dabei insbesondere bei der Aufnahme intensiver Kundenkontakte vorteilhaft.

Praxisbeispiele

Fall 14: Internationale Präsenz

Ein mittelständisches Unternehmen hat sich spezialisiert auf die Zulieferung von Komponenten für die Maschinenbauindustrie. Das Unternehmen beschäftigt 550 Mitarbeiter und hat eine Exportquote von 65 Prozent. Der Mittelständler ist durch Tochterunternehmen in England, Tschechien und Spanien mit eigenen Kapazitäten international präsent. Weiterhin gibt es Auslandsvertretungen dieses deutschen Mittelständlers in zahlreichen weiteren, überwiegend europäischen Ländern. Überseemärkte werden durch Lizenzvergabe bearbeitet. Die zunehmende strategische Bedeutung des Auslandsgeschäfts für das Unternehmen sowie die wachsenden Ansprüche der Kunden bezüglich Schnelligkeit und Service erfordern direkte und intensive grenzüberschreitende Aktivitäten. „Wir wollen ein Dienstleister vor Ort sein und schnell auf Kundenwünsche reagieren", verdeutlicht der Geschäftsführer die Anforderungen an die Präsenz vor Ort. In Europa werde die internationale Kundennähe insbesondere durch streng selektierte Vertretungen realisiert. Dies seien in der Regel klassische Fachgroßhändler, die für Vertrieb, Distribution und Service im Zielland verantwortlich sind. „Wir suchen uns sorgfältig lokale Partner, die eigenverantwortlich die Geschäfte vornehmen", beschreibt der Geschäftsführer den Grundgedanken der Auslandsmarkterschließung.

Die Marktbearbeitung über eigene Auslandstöchter werde aufgrund von landesspezifischen Besonderheiten, logistischen Anforderungen und strategischen Überlegungen gewählt. „Großbritannien ist eine Insel und der Markt hat eigene Gesetze", begründet der Geschäftsführer die Neugründung eines Unternehmens in England. Auch der spanische Markt erforderte aufgrund der großen geographischen Distanz die Gründung einer Tochtergesellschaft mit Vertriebs-, Service- und Produktionskapazitäten vor Ort. Mit der Aussage: „In den osteuropäischen Markt haben wir uns hingegen eingekauft", wird die Strategie bezüglich Osteuropa beschrieben. Es wurde eine Mehrheitsbeteiligung an einem bestehenden Unternehmen in Tschechien vorgenommen. Diese Auslandstochter übernimmt die regionale Verantwortung für die Marktbearbeitung in Mittel- und Osteuropa.

Fall 15: Internationales Vertriebskonzept

Ein 1861 gegründetes mittelständisches Unternehmen ist führender Hersteller in einem Fachzweig der Landtechnik. Das Unternehmen beschäftigt 650 Mitarbeiter, ist in über 70 Ländern weltweit aktiv und hat eine Exportquote von 85 Prozent. Zur absatzseitigen Markterschließung wurde ein unternehmensspezifisches Vertriebskonzept entwickelt. Ausländische Händler im Bereich der Landtechnik können zu sogenannten „Dealern" werden. Diese Dealer sind Vertriebspartner, die die Maschinen des deutschen Mittelständlers in den Auslandsmärkten exklusiv vertreiben und weitere Werksfunktionen, wie z. B. den Service, übernehmen. Die Pflichten und die Rechte der Dealer sind klar dokumentiert:

Zentrale Pflichten der Dealer:
- Entscheidung für einen Exklusiv-Vertrieb im speziellen Geschäftsfeld für den deutschen Mittelständler
- Das Vertriebs- und Servicepersonal und die Infrastruktur im Zielmarkt müssen vor Ort bereitgestellt werden

- Die konkrete Marktbearbeitung und Kundengewinnung werden dezentral vorgenommen
- Kundenbesuche, Messeauftritte organisieren, Werbung etc.
- Die Fakturierung, der Versand, die Inbetriebnahme und der Service (Ersatzteile, Reparaturen, Wartung ...) werden vor Ort übernommen
- Mindestumsatz- und Marktanteilsziele sind zu erfüllen

Zentrale Rechte der Dealer:
- Anspruch auf die Lieferung wettbewerbsfähiger, qualitativ hochwertiger Maschinen
- Anspruch auf Qualifizierung
    - Theoretische und praktische Schulungen der Mitarbeiter des Vertriebspartners
- Anspruch auf Unterstützung durch Werksbeauftragte in Problemfällen
- Anspruch auf erfolgsabhängige Bonuszahlungen

Die Ländermärkte England, Frankreich und Russland werden durch eigene Vertriebs- und Servicetöchter vor Ort betreut. „Diese Länder sind umsatzbezogen starke Länder, die wir deshalb selbst bearbeiten möchten", führt der Geschäftsführer aus. In den USA gibt es ein Tochterunternehmen, das speziell für den US-Markt fertigt. Die unterschiedlichen technischen Standards und Anforderungen im US-amerikanischen und europäischen Markt haben zu dieser Entscheidung geführt. Zusätzlich sprachen ein hoher logistischer Aufwand und Wechselkursrisiken gegen einen Export aus Deutschland dorthin. Die amerikanische Tochter führt die Geschäfte in enger Abstimmung mit dem deutschen Stammhaus selbständig durch.

5.3 Handlungsfeld: Bezugsseitige Auslandsmarktaktivitäten

5.3.1 Erfolgskonzept: Günstigen Auslandsbezug zur Stärkung der Wettbewerbsfähigkeit etablieren

Typische Aussagen der befragten Unternehmen zu diesem Erfolgskonzept:
„Der Import bestimmter Teile ist nötig, weil diese in Deutschland **nicht mehr konkurrenzfähig herstellbar** sind."
„Die Einsparungen, die durch den **günstigen Bezug von Vorleistungsgütern** aus dem Ausland entstehen, können wir in F&E und Vertrieb investieren."
„Die kostenintensive Produktion im Inland in Verbindung mit der Billigkonkurrenz aus dem Ausland zwangen uns zur **Verlagerung von Fertigungskapazitäten** ins Ausland."

Die Internationalisierung der Lieferantenbasis ist ein weiterer Aspekt von Auslandsaktivitäten international etablierter industrieller und handelsorientierter Mittelständler. So werden günstige Produktionskosten direkt oder indirekt genutzt, um durch einen günstigen Auslandsbezug von Waren und Materialien die preisliche Wettbewerbsfähigkeit der Produkte in den Absatzmärkten zu stärken oder Kosteneinsparungen, z. B. in die Kernkompetenzbereiche F&E- und Vertriebsaktivitäten, zu investieren. Vorwiegende Beschaffungsregionen sind z. B. Mittel- und Osteuropa, China und Südostasien. Diese Zielregionen zeichnen sich durch geringe Arbeitskosten aus. Beschaffungsregionen in Mittel- und Osteuropa bieten im Vergleich zu denen im Fernen Osten insbesondere Vorteile bei der logistischen Abwicklung durch die räumliche Nähe und eine reibungslosere persönliche Koordinierung aufgrund der vergleichsweise größeren kulturellen Nähe.

Bei der Entscheidung bezüglich der Eignung der konkreten Bauteile, Komponenten und Materialgruppen für einen Auslandsbezug, werden von den Unternehmen insbesondere die Parameter Stückzahlenbedarf, Lohnkostenanteil, technische Beschaffenheit und logistische Daten herangezogen. Es gilt tendenziell: „Je höher der Lohnkostenanteil und je geringer die technische Komplexität, desto eher lohnt sich ein günstiger Auslandsbezug." Vor allem bei einfachen standardisierbaren Teilen, die in einer größeren Stückzahl gebraucht werden und auf Lager gehalten werden können, nutzen die Mittelständler zunehmend ausländische Lieferanten bzw. Standorte zum Bezug bzw. zur Fertigung von günstigen Vorprodukten und Waren. Die günstigen Zulieferteile werden dann in die Fertigung bzw. Montage des Endprodukts integriert und ermöglichen damit eine Verknüpfung von wettbewerbsfähigen Preisen und qualitativ hochwertigen Produkten. Die Fertigung der Zulieferteile erfolgt anhand von strengen Vorgaben der Mittelständler, wobei meist technische Unterstützungsleistungen durch das abnehmende Unternehmen vorgenommen werden.

Die Grenze für einen Bezug von günstigen Komponenten und Bauteilen aus dem Ausland bzw. der Verlagerung von Fertigungsschritten ins Ausland liegt in der Regel bei Materialgruppen und Fertigungsschritten mit folgenden Merkmalen:

- Materialien mit einem relativ kleinen Stückzahlbedarf: Ein Bezug aus dem Ausland ist aufgrund relativ hoher Transportkosten pro Stück betriebswirtschaftlich nicht sinnvoll
- Materialien, die aufgrund ständig wechselnder Spezifizierungen häufig in unterschiedlichen Ausführungen benötigt werden und schnelle innerbetriebliche Reaktionen erfordern
- Materialien und Fertigungsschritte mit einem hohen Qualitätsanspruch und einem anspruchsvollem Know-how, die aufgrund dieser hohen Anforderungen im Ausland nicht in dieser Form erhältlich sind
- Materialien und Fertigungsschritte, die zu wettbewerbssensiblen Kernaktivitäten gehören und eine zu schützende Technologie enthalten.

Bauteile und Komponenten, die nicht für den Auslandsbezug geeignet sind, werden entweder selbst gefertigt oder es werden spezialisierte Zulieferer in der engeren regionalen Umgebung ausgewählt und langfristig vertraglich gebunden.

Praxisbeispiele

Fall 16: **Günstiger und zuverlässiger Auslandsbezug**

Ein mittelständischer Anbieter von speziellen Lösungen für die Anwender von Nutzfahrzeugen zählt zu den weltweit führenden Herstellern auf seinem Gebiet. Das Unternehmen hat 265 Mitarbeiter und eine Exportquote von über 50 Prozent. Neben Tochtergesellschaften und Niederlassungen sowie eigenständigen Vertriebspartnern zur absatzseitigen Bearbeitung von Auslandsmärkten in Europa, Russland, Nordamerika und Japan hat dieser Mittelständler auch bezugsseitig Auslandsaktivitäten etabliert. „Einfache standardisierbare Komponenten, die in ausreichender Stückzahl gebraucht werden und auf Lager vorrätig gehalten werden können, beziehen wir günstig aus dem Ausland", so der Vertriebsleiter des Mittelständlers. Dies sind insbesondere einfache Stahl- und Schweißbaukomponenten, deren Bezug überwiegend aus osteuropäischen Ländern erfolgt. „Wir schließen vertragliche Rahmenabkommen mit den Komponentenherstellern und etablieren langfristige Partnerschaften", beschreibt er die Vorgehensweise des Auslandsbezugs. Von einer vorschnellen Vertragsschließung rät er allerdings ab. „Zunächst schließen wir einen ‚letter of intent' ab und führen dann die Verhandlungen sorgfältig weiter", so der Vertriebsleiter. Nach einer erfolgreichen Übereinkunft würden dann dauerhafte Lieferbeziehungen mit dem Auslandspartner angestrebt. Es erfolge ein technischer Support durch den deutschen Mittelständler, um die Qualitätsstandards sicherzustellen. Der Auslandsbezug habe seine Grenzen dort, wo es sich um spezielle Teile in kleinerer Stückzahl handelt und bei Materialien, die ein anspruchsvolles Know-how in der Fertigung erfordern. Für diese Art von Komponenten suche man sich gezielt spezialisierte und leistungsfähige Zulieferer aus der näheren Region, die in die eigene Fertigungslogistik eingebunden werden. Auf diese Weise sei eine flexible und zuverlässige Reaktion auf die spezifischen Auftragseingänge möglich. „Unsere Liefertermine werden auf Ziel vereinbart, da darf keiner in der Lieferkette ausfallen oder unzureichende Qualität liefern", verdeutlicht der Vertriebsleiter die hohen Ansprüche. Die Fertigungsschritte, die zur Kernkompetenz des Mittelständlers gehören, sowie die Endmontage des Fertigprodukts würden in Eigenregie durchgeführt. Dies diene wiederum der Einhaltung der hohen Qualitätsstandards für den Kunden und der Aufrechterhaltung der Flexibilität in der Fertigung.

Fall 17: Produktionsverlagerung

Ein mittelständisches Unternehmen aus der Bekleidungsbranche bezieht ca. 95 Prozent seiner Waren aus dem Ausland. Die kostenintensive Produktion im Inland und die Konkurrenz durch Billigprodukte aus dem Ausland zwangen den Mittelständler zu einer Verlagerung der Fertigungsschritte ins Ausland. Die Inlandsproduktion wurde seit den siebziger Jahren Schritt für Schritt durch günstige Auslandsproduktionskapazitäten ersetzt. „Wir strebten eine ständige Kompensation der steigenden Lohnkosten im Inland mittels einer Verlagerung in Billiglohnländer an", so der Inhaber. Im deutschen Stammhaus werden produktbezogen noch Entwürfe, Zuschnitte, Muster und Spezifikationen hervorgebracht. Eigene Fertigungskapazitäten in der Slowakei gingen Mitte der neunziger Jahre aus langjährigen Lieferbeziehungen mit einem slowakischen Lohnfertiger hervor. Unstimmigkeiten mit dem bisherigen Partner führten zum Entschluss, dort eine eigene Produktionsstätte zu errichten. „Es bestanden gute Erfahrungen mit den Personen dort, uns war die Mentalität bekannt, die Infrastruktur war gut und es gab ausreichend Arbeitskräfte", erläutert er die damalige Entscheidungsgrundlage. In pragmatischer Weise wurden der technische und der kaufmännische Leiter des alten Geschäftspartners abgeworben und in Form einer Kapitalbeteiligung in die Investition mit eingebunden. „Das soll das Engagement der Personen vor Ort erhöhen", so der Unternehmer. Der Aufbau der Produktion erfolgte in Anlehnung an die Standards in Deutschland.

Ein Techniker aus Deutschland unterstützte den Aufbau vor Ort und deutsche Maschinen wurden in die Slowakei gebracht. „Auch heute noch ist ein ständiger Know-how-Transfer an den slowakischen Standort nötig", berichtet er weiter. Der Standort Slowakei stehe heute zunehmend unter Druck noch wettbewerbsfähigerer Länder im Bereich Textil- und Bekleidungsherstellung. Daher vergibt man immer wieder Probeaufträge an potentielle Lieferanten in Billiglohnländern, um neue Bezugswege für wettbewerbsfähige Waren zu erschließen.

5.3.2 Erfolgskonzept: Kontrollierte Bezugswege durch Partnerschaftsstrukturen verwirklichen

Typische Aussagen der befragten Unternehmen zu diesem Erfolgskonzept:

„Wir haben uns für den Bezug unserer Waren *kontrollierte Bezugswege* aus dem Ausland aufgebaut."

„Wir bauen ein *Vertrauensverhältnis und eine Partnerschaft* zu unseren Lieferanten auf."

„Wir etablieren *dauerhafte Lieferbeziehungen* und entwickeln unsere Lieferanten zu zuverlässigen und qualitätsbewussten Partnern."

„Um einen verlässlichen Auslandsbezug zu etablieren muss man ständig *präsent sein*, *technisch-organisatorische Hilfestellungen* geben und das *Personal qualifizieren.*"

„Die Etablierung der Auslandsfertigung in Fernost übernahm für uns eine mit den lokalen Bedingungen *vertraute Person.*"

Der erste Schritt zur Etablierung von ausländischen Bezugswegen ist die sorgfältige Identifikation von und der Erstkontakt zu geeigneten Kandidaten für die Zulieferung. Hierfür bietet sich aus Sicht vieler Unternehmer z. B. ein Messebesuch vor Ort an. Auch in Fachzeitschriften werden potentielle Fertigungsleistungen durch ausländische Hersteller annonciert. Die Anbieter werden dann direkt aufgesucht und auf Eignung geprüft. Ein Erfolgsfaktor für die Etablierung eines dauerhaft tragfähigen Auslandsbezugs, insbesondere in kulturell stärker distanzierten Ländern, ist das Einbeziehen vertrauter Personen mit lokalen Kenntnissen und erforderlichen Sprachkenntnissen. Diese

Kontaktpersonen übernehmen Aufbau-, Koordinations- und Kontrollfunktionen vor Ort und dienen den hiesigen Mittelständlern in enger Zusammenarbeit als „verlängerter Arm".

Die Auswahl der Lieferanten orientiert sich an den jeweiligen Fachkompetenzen, Qualitätszertifikaten und der persönlichen Begutachtung der Unternehmen vor Ort, um ein Gespür für die jeweiligen lokalen Verhältnisse zu bekommen. Zunächst werden in der Regel Teststücke gefertigt, die ausgiebig auf Qualität geprüft werden. Nach bestandener Qualitätsprüfung muss sich der Lieferant dann bewähren. Es werden zunächst nur kleine Auftragsgrößen übertragen, deren Ausführungsqualität, Lieferzuverlässigkeit und -schnelligkeit die entscheidenden Faktoren für eine weitere Zusammenarbeit sind. Für die Etablierung qualitativ hochwertiger und zuverlässiger grenzüberschreitender Bezugsstrukturen ist weiterhin eine ständige Unterstützung der Produzenten vor Ort notwendig. Sie werden mit allen relevanten Informationen, Know-how, Spezifikationen, Schulungen und technischem Support versorgt. Die inländischen Qualitäts- und Technologiestandards werden so auf die ausländischen Fertigungsstützpunkte übertragen. Die selektiv gewählten ausländischen Lieferanten werden dadurch zu einem langfristig zuverlässigen Partner qualifiziert. Die kritischen Faktoren einer langfristigen Etablierung von Auslandsbezugsstrukturen werden in Abbildung 12 dargestellt.

Abbildung 12: Faktoren einer nachhaltigen Etablierung kontrollierter Auslandsbezugswege

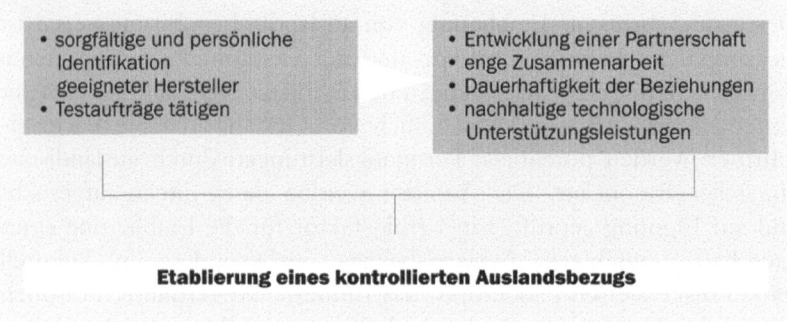

Praxisbeispiel

Fall 18: Konkrete Etablierung von Auslandsbezugswegen

Ein mittelständisches Unternehmen mit acht Mitarbeitern hat sich spezialisiert auf Importgeschäfte mit Waren des Obstanbaubedarfs. Um die speziellen Produkte wettbewerbsfähig anbieten zu können, wurden direkte Bezugswege, z. B. in Form einer eigenen Fertigung in Fernost, errichtet. „Die Produktion bestimmter Produkte war in Europa einfach nicht mehr konkurrenzfähig", sagt der Inhaber. Für den Aufbau und die Organisation des Auslandsbezugs wurde ein persönlicher Bekannter einbezogen, der aus dem Zielland stammte und daher mit den lokalen Bedingungen vertraut war. Diese Person hatte in Europa studiert und war mit dem Geschäftsführer des deutschen Mittelständlers in Fachkreisen in Kontakt gekommen. Mit einem hohen Einsatz des Unternehmers vor Ort und der Hilfe des Bekannten wurden die notwendigen Schritte für die persönliche Selektion geeigneter Lieferanten und den Aufbau der eigenen Kapazitäten im Zielland durchgeführt. „Die Einbeziehung einer uns vertrauten Person, die sich im Zielland auskennt, war ein wesentlicher Erfolgsfaktor für die Etablierung der zuverlässigen Auslandsfertigung", so der Unternehmer. Weiterhin müsse man den Partner ständig unterstützen und bei der Umsetzung von Vorhaben helfen. „Wenn wir neuartige Produkte fertigen wollen, bin ich persönlich in der asiatischen Fabrik und gebe Hilfestellung", führt er weiter aus. Präsent sein, mit den Leuten sprechen, Vorgaben erteilen und Herstellungsverfahren erklären, seien dabei wesentliche Aufgaben. Um eine echte Partnerschaft zu gestalten, sei der respektvolle Umgang mit der asiatischen Mentalität entscheidend. „Wir pflegen einen Umgang auf gleicher Augenhöhe mit unseren Partnern in Asien", erläutert er. Durch interkulturelle Sensibilität und einen fairen Umgang werde ein Vertrauensverhältnis geschaffen, das für die Etablierung direkter und zuverlässiger Auslandsbezugswege erfolgskritisch sei. Dann würden auch Absicherungsmaßnahmen, wie z. B. Akkreditivgeschäfte, irgendwann überflüssig.

6 Handlungsempfehlungen

6.1 Empfehlungen für internationalisierungsinteressierte mittelständische Unternehmen (Mikroebene)

Strategische Positionierung, Strukturen und Ressourcen

- Fokussierung der Geschäftstätigkeiten und Positionierung über führende Lösungen in hochwertigen margenstarken Marktsegmenten
  - Spezialisierung, klare Definition des Kerngeschäfts und des speziellen Know-hows, hochwertige Markt- und Wettbewerbspositionierung, breites Leistungsspektrum im Spezialgebiet

- Aufbau einer qualitativen/technologischen Einzigartigkeit, herausragender Bekanntheit und umfassender Problemlösungskompetenz
  - Differenzierung, Alleinstellung, Markenetablierung, Kompetenzmanagement

- Konzentration auf spezielle anspruchsvolle Kunden und exakte Anlehnung an deren Bedürfnisse; dieser Kundengruppe einen klaren Wettbewerbsvorteil bzw. Zusatznutzen in Form einer maßgeschneiderten Lösung, wie z. B. durch Komplettangebote inklusive vielfältige Serviceleistungen, verschaffen
  - klare Zielgruppendefinition, individuelle Kundenbeziehungen gestalten
  - zunehmende Bedeutung produktbegleitender Services beachten

- Durch Wissensvorsprünge und Innovationen monopolistische Wettbewerbsvorteile in den speziellen Marktsegmenten erarbeiten bzw. neue Märkte schaffen. Geschäftsmodelle, Produkt- und Servicelösungen ebenso wie die Herstellungsverfahren und Organisationsstrukturen permanent weiterentwickeln und verbessern, um Wettbewerbsvorsprünge zu erzeugen und ständig auszubauen

- Innovationsmanagement, Wissensmanagement, Organisationsentwicklung

- Bündelung von wettbewerbssensiblen Kernkompetenzen am Heimatstandort und Gestaltung von kunden-, qualitäts-, kreativitäts-, flexibilitäts- und produktivitätsorientierten Prozessen und Strukturen
  - Qualitätsmanagement, Dezentralisierung von Verantwortung, Teamarbeit, Flexibilität im Personalmanagement
  - Ausschöpfung von Produktivitätspotentialen im Inland durch die Modernisierung inländischer Produktionsstätten und Optimierung von Logistik- und Produktionsstandards

- Vernetzung mit leistungsfähigen in- und ausländischen Partnern durch kooperative Strukturen forcieren und dadurch die direkte Steuerung der speziellen Wertschöpfungskette verstärken
  - Kunden, Vertriebspartner, Lieferanten, Logistikdienstleister, unternehmensnahe Dienstleister, Bildungs- und Forschungseinrichtungen etc. in die eigenen Geschäftsprozesse integrieren
  - Prozesskettenmanagement, Netzwerkbildung

- Etablierung einer leistungsfordernden und -fördernden Unternehmenskultur und Erzeugung eines starken Qualitätsbewusstseins aller am Leistungserstellungsprozess Beteiligten

- Hohe Priorität auf qualifizierte Mitarbeiter legen
  - kontinuierliche Qualifikation durch ständige Aus- und Weiterbildung
  - enge Kontakte zu Hochschulen und Forschungseinrichtungen unterhalten

- Nachhaltiger Aufbau von internationaler Kompetenz
  - Mitarbeiter für Auslandstätigkeiten schulen bzw. international erfahrene Kräfte einstellen, Exportabteilungen etablieren

- berufliche Auslandserfahrungen für Nachwuchskräfte ermöglichen
- internationale Unternehmenskultur fördern

Aufbau und Management von Auslandsengagements

- Auslandsaktivitäten persönlich, direkt und sorgfältig gestalten
  - Zielmärkte persönlich kennen lernen, Chancen vor Ort begreifen und lokale Kräfte in die Markterschließung einbeziehen

    - breite Recherchetätigkeiten in Sekundärinformationen (Internet, Fachzeitschriften, Informationsdienste der Kammern und sonstiger Anbieter), Erfahrungsaustausch z.B. auf Informationsveranstaltungen zum Auslandsgeschäft

    - persönliche Markterkundung und Erwerb interkultureller Kenntnisse vor Ort, Aufbau interpersoneller Kontakte, Gespräche in Fachkreisen suchen

    - gezielte Teilnahme an Fachmessen im Zielmarkt
      - Marktbeobachtung, Exportmarketing, Wettbewerbsanalyse, Kundenwerbung, Vertriebs-/ Bezugspartnersuche, persönliche Kontakte, Vertragsanbahnungen

    - handverlesene Wahl geeigneter Vertriebs-/ Bezugspartner
      - eher objektive Einschätzungskriterien
        - Leistungsprofil, Fachkompetenz, Referenzen, Kontakte im Fachgebiet, vorhandener Kundenstamm, etabliertes Vertriebsnetz, bestehende Servicekapazitäten, Firmenimage, Sprach- und Mentalitätskenntnisse, Bonität

- eher subjektive Einschätzungskriterien
  - persönlicher Eindruck, Persönlichkeitseigenschaften, Motivation, Engagement
  - vertrauenerweckender Auftritt, menschliche Qualitäten
  - zwischenmenschliche „Chemie"

- Internationale Kundennähe durch die Etablierung von zielgruppen- und landesspezifischen Vertriebswegen
  - Aufbau von Vertretungs- und Händlernetzen durch die Gestaltung von Kooperationsbeziehungen zu zielmarktvertrauten Händlern und eigenständigen Partnerunternehmen vor Ort
  - Errichtung von eigenen Repräsentanzen, Niederlassungen und/oder Tochtergesellschaften mit Vertriebs- und Servicefunktionen in strategisch bedeutenden Ländermärkten

- Etablierung direkter exklusiver Bezugswege zur zuverlässigen Beschaffung günstiger Vorleistungen und Waren in gewünschter Qualität
  - enge Bindung von ausgesuchten Lieferanten zu langfristigen Partnern

- Grundsätzliche Ziele und Vorgehensweisen mit den Auslandseinheiten abstimmen, lokale Freiheiten einräumen
  - Marktstrategie vorgeben, aber flexibel an die Marktgegebenheiten anpassen
  - Respekt vor kulturellen Eigenheiten und regionalen Mentalitäten zeigen
  - befristete Rahmenverträge schließen
    - klare Definition der wechselseitigen Recht und Pflichten
    - Zielvereinbarungen treffen: Umsatzziele, Marktanteilsziele ...
    - Provisionsregelungen, Erfolgsbeteiligung

- Steuerung der eigenen Auslandseinheiten und der Geschäftsbeziehungen zu Partnern im Ausland
  - Erfolgskontrollen vornehmen, regelmäßige Abstimmungsgespräche und persönliche Besuche durchführen
  - systematische Betreuung und Unterstützung bieten
    - regelmäßige Präsenz vor Ort, technologisches Wissen vermitteln, Verkaufsargumente erklären, Werbemittel bereitstellen ...
    - Qualifizierung der Auslandsakteure sicherstellen
      - Schulungskonzepte entwickeln
  - Erzeugung einer auf Vertrauen und Kontinuität basierenden Geschäftsbeziehung, freundschaftliche Atmosphäre erzeugen

- Investitionscharakter von Auslandsmarktaktivitäten beachten
  - belastende Anlaufkosten einkalkulieren, Vorfinanzierung regeln, länger ausbleibende finanzielle Rückflüsse einplanen
  - Auslandsaktivitäten als langfristige Engagements betrachten und gestalten

6.2 Empfehlungen für die Unterstützung von Auslandsmarktaktivitäten mittelständischer Unternehmen (Mesoebene)

- Dialogförderung forcieren
  - Veröffentlichung von Erfahrungsberichten auslandserfahrener Unternehmen und Bereitstellung internetbasierter und persönlicher Erfahrungsaustauschplattformen
  - Organisation von Länderinformationsveranstaltungen verstärken
    - Forenbildung erfahrener und unerfahrener Unternehmer mit Länderexperten, Anwälten, Beratern ...

- Anlaufadressen bereitstellen
    - Stärkung fach- und themenspezifischer Kontakt- und Adressvermittlungen
    - praktische Leitfäden und Merkblätter, die auf kompetente Unterstützungshilfen und Ansprechpartner verweisen

- Unterstützung bei der konkreten Suche nach Kunden/Vertriebspartnern/Lieferanten
    - Transparenz über potentielle Vertriebspartner/Lieferanten durch fachspezifische Datenbanken schaffen
    - verstärkte Kontaktvermittlung im Kontext länderbezogener Delegationsreisen und Messeteilnahmen

- Unterstützung durch bedarfsgerechte Qualifizierung von Fach- und Führungskräften
    - Qualifizierungsmaßnahmen im Bereich Fremdsprachen, interkulturelle Kompetenz und Sozialkompetenz in der Berufsbildung im Allgemeinen und in technikdominierten Ausbildungswegen im Besonderen verstärken
    - moderne Anforderungen des Internationalen Managements in Seminarangebote integrieren
        - z. B. über grenzüberschreitende Verhandlungsführung und Kooperationsgestaltung oder interkulturelles Managementtraining
    - stärkere Nutzung der Auslandskontakte des Auslandshandelskammer-Netzes für die Vermittlung von Aus- und Weiterbildungsmöglichkeiten im Ausland für inländische Nachwuchskräfte

6.3 Empfehlungen für die Politik zur Stärkung der internationalen Wettbewerbsfähigkeit mittelständischer Unternehmen (Makroebene)

Allgemeine Wirtschaftspolitik

- Unternehmerische Eigenanstrengungen, in Form von qualitäts-, flexibilitäts- und innovationsorientierten mittelständischen Unternehmensstrategien, durch verbesserte inländische Rahmenbedingungen flankieren
  - Fördermaßnahmen im Bereich Forschung, Entwicklung, Bildung und Innovationen forcieren
  - leistungsfähige Basisinfrastruktur bereitstellen
    - Verkehrswege, Energieversorgung, IuK-Infrastruktur
  - allgemeine bürokratische Hemmnisse vermindern und Bürokratiekosten senken

- Konzepte für eine nachhaltige Beseitigung des allgemeinen Fachkräftemangels entwickeln
  - Zuwanderung ausländischer Fachkräfte bedarfsgerecht regeln, Qualifizierungsmaßnahmen und Imagekampagnen auf den Bedarf mittelständischer Unternehmen ausrichten

Außenwirtschaftspolitik

- Auslandsaktivitäten von Mittelständlern durch die Öffnung von Weltmärkten auf multi- und bilateraler politischer Ebene unterstützen und durch internationale Regelungen für den Schutz von Investitionen und geistigem Eigentum sorgen
  - Marktzugänge im Ausland erleichtern
  - Liberalisierung des Welthandels voranbringen

- Internationale bürokratische Belastungen bei der Abwicklung von Auslandsgeschäften vermindern
  - Formalitäten für grenzüberschreitende Transport- und Zahlungsabwicklungen vereinfachen
  - Hemmnisse bei öffentlichen Genehmigungsverfahren im Ausland (z. B. bei Zertifikatsanforderungen) auf außenhandelspolitischer Ebene abbauen

Außenwirtschaftsförderung

- Öffentliche Förderprogramme stärker bündeln, transparenter und konsistenter gestalten sowie passgenauer auf die speziellen Bedürfnisse mittelständischer Unternehmen zuschneiden
  - verstärkte Ergänzung von Instrumenten der Exportförderung und allgemeiner Informationsbereitstellung durch konkrete Leistungen bei der Planung und Gestaltung von internationalen Aktivitäten
  - höhere Gewichtung der Bedeutung von Messeteilnahmen und persönlichen Kontakten bei der Konzipierung von Außenwirtschaftsfördermaßnahmen für Mittelständler

- Mittelstandsfreundlichkeit der Auslandseinheiten der Außenwirtschaftsförderung (insb. Botschaften, Konsulate, Auslandshandelskammern) forcieren
  - Interessen und Anliegen mittelständischer Unternehmen stärkeres Gehör schenken
  - stärkere „Türöffner-Funktion" speziell für Mittelständler einnehmen
  - Hilfestellungen bei Problemen mit organisierter Kriminalität verbessern

7 Fazit

Die ausgeprägte Spezialisierung mittelständischer Unternehmen lässt diese im Inlandsmarkt tendenziell an Wachstumsgrenzen stoßen. Den Mittelständlern wird durch offener gewordene Weltmärkte ein breites Wachstums- und Kostensenkungspotential geboten, welches sie sich zunehmend erschließen können. Sie werden daher häufig auch als „heimliche Gewinner" der Globalisierung bezeichnet. Zahlreiche Unternehmensbeispiele deuten an, dass die Internationalisierung der mittelständischen Unternehmen in der Unternehmensentwicklung nicht zu Lasten der Heimatstandorte stattfindet. Im Gegenteil ergänzen sich in vielen Fällen die vielfältigen Auslandsaktivitäten und stärken das Wachstum der regional verwurzelten mittelständischen Unternehmen als Ganzes. Die Mittelständler gehen ihren individuellen Weg im Ausland und gestalten einen spezifischen Mix an Auslandsaktivitäten im Sinne eines nachhaltigen Unternehmenswachstums und einer langfristigen Wettbewerbsfähigkeitssicherung.

Diese Studie zeigt auf, welche prinzipiellen Antworten mittelständische Unternehmen auf die Herausforderungen der Globalisierung finden. Sie bewegen sich einzigartig, hochwertig, flexibel, schnell, kundennah, dezentral, kooperativ und persönlich im internationalen Wettbewerb und spielen damit die besonderen Stärken ihrer relativ kleinen und überschaubaren Unternehmensdimensionen konsequent aus. Die Ergebnisse der empirischen Untersuchung etablierter international erfolgreicher Mittelständler zeigen auslandsinteressierten Mittelständlern Erfolgspotentiale auf, die sie mitunter selbst verwirklichen können. Der Etablierungserfolg der Unternehmen basiert hierbei stets nicht auf einzelnen isolierten Faktoren, sondern auf dem Zusammenwirken mehrerer kritischer Komponenten. Entscheidend ist die sinnvolle Verknüpfung der Komponenten zu einem konsistenten und zielorientierten Vorgehen im In- und Ausland.

izenz zum Wissen.

hern Sie sich umfassendes Wirtschaftswissen mit Sofortzugriff
f tausende Fachbücher und Fachzeitschriften aus den Bereichen:
anagement, Finance & Controlling, Business IT, Marketing,
blic Relations, Vertrieb und Banking.

klusiv für Leser von Springer-Fachbüchern: Testen Sie Springer
r Professionals 30 Tage unverbindlich. Nutzen Sie dazu im
stellverlauf Ihren persönlichen Aktionscode **C0005407** auf
vw.springerprofessional.de/buchkunden/

**Jetzt
30 Tage
testen!**

Springer für Professionals.
Digitale Fachbibliothek. Themen-Scout. Knowledge-Manager.

- 🔍 Zugriff auf tausende von Fachbüchern und Fachzeitschriften
- ☉ Selektion, Komprimierung und Verknüpfung relevanter Themen durch Fachredaktionen
- 📎 Tools zur persönlichen Wissensorganisation und Vernetzung

www.entschieden-intelligenter.de

pringer für Professionals

The manufacturer's authorised representative in the EU is Springer Nature Customer Service Centre GmbH, Europaplatz 3, 69115 Heidelberg, Germany. If you have any concerns regarding our products, please contact ProductSafety@springernature.com

Printed and bound by CPI Group (UK) Ltd, Croydon, CR0 4YY
23/03/2026
02076458-0006